AF462706

ARCHIVES HISTORIQUES

DE LA GASCOGNE

DEUXIÈME SÉRIE — FASCICULE XIVme

LES HUGUENOTS EN COMMINGES

PAR M. L'ABBÉ JEAN LESTRADE

LES

HUGUENOTS

EN COMMINGES

(NOUVELLE SÉRIE)

DOCUMENTS INÉDITS PUBLIÉS POUR LA SOCIÉTÉ HISTORIQUE DE GASCOGNE

PAR

L'ABBÉ JEAN LESTRADE

PARIS
HONORÉ CHAMPION
ÉDITEUR
5, quai Malaquais, 5

AUCH
LÉONCE COCHARAUX
IMPRIMEUR
18, rue de Lorraine, 18

MCMX

INTRODUCTION.

A la suite d'une première enquête poursuivie dans les Archives de Muret, il nous a été possible d'analyser ou de reproduire intégralement plus de deux cents pièces inédites relatives aux guerres de religion en Comminges[1]. Lorsque ces documents furent livrés au public, notre classement du fonds muretain n'était pas encore terminé. Ce labeur de déchiffrement et de transcription de textes que l'humidité a pâlis en plus d'un endroit est, grâce à Dieu, aujourd'hui terminé. Il en est résulté une seconde collection de pièces, sœur de la première par l'objet, la présentation et le titre, et dont l'intérêt nous a paru justifier cette nouvelle publication. C'est donc une récidive de notre part; mais non inutile, puisque sur plusieurs points elle étend et complète nos informations précédentes et parfois les rectifie.

Les amis du passé de notre Gascogne, et plus spécialement les amis du passé commingeois qui voudront se familiariser avec cette double série de

[1] Voy. *Les Huguenots en Comminges* (première série). Auch, L. Cocharaux, édit., 1900, XI-428 pp. in-8°. — On peut rapprocher de ce travail les savantes publications qui ont pour titre *Les Huguenots en Bigorre*, par C. Durier et J. de Carsalade du Pont, ainsi que *Les Huguenots dans le Béarn*, par A. Communay. Voyez également *Les Huguenots dans le diocèse de Rieux*, par l'auteur de la présente collection.

pièces d'archives, nous sauront gré, sans doute, de les avoir mises en leurs mains. A la façon des documents puisés à la source originelle et livrés dans leur absolue sincérité, elles abondent de sève historique et jettent sur les faits une lumière directe et non interceptée.

Voici les événements principaux de l'histoire du Comminges, durant la seconde moitié du XVIe siècle, que nos textes révèlent ou précisent. C'est d'abord cette curieuse « description » des catholiques dont Blaise de Monluc avait confié le soin, pour cette portion de la région pyrénéenne, à Pierre de Lancrau, évêque de Lombez. On verra ici les noms des personnages qui se livrèrent à cette enquête dans les diverses châtellenies, et comment elle aboutit, par voie de conséquence, à l'association des catholiques, en 1568. La teneur du serment de fidélité à la religion et au roi, adopté par cette sorte de confédération, était restée ignorée; nous en fournissons ci-après la formule intégrale. Les alarmes que semèrent en nos vallées, au cours des années 1569 et 1570, la terrible chevauchée de Mongonméry et les mouvements des religionnaires convergeant de divers points pour le pillage du Béarn et de la Bigorre; plus tard, les nécessités de la défense provoquèrent des mesures exceptionnelles telles que la recherche des hommes capables d'être enrôlés au service du roi, la proclamation du ban et arrière-ban pour l'enrôlement des nobles, l'inventaire des armes dont chaque communauté civile disposait, et jusqu'à la rupture des ponts et passages construits sur la Garonne. On remarque dans les procès-verbaux dressés à cette occasion des traits de mœurs que l'historien se plait à relever. Toute cette période — la plus animée depuis l'apaisement de la « sédition de Toulouse », en 1562, laquelle eut sa répercussion en Comminges, — sera mieux connue désormais.

Les surprises des villes de Saint-Girons, en 1576, de Saint-Lizier, en 1579, de Samatan, en 1589, ont été précédemment étudiées. Toutefois, nous fournissons actuellement sur ces pillages des particularités inédites que notre curiosité voudrait cependant plus amples encore et mieux détaillées. Il en est de même des invasions de Saint-Bertrand par les hordes que le baron de Sus, en 1586, et les deux Larboust, en 1593-94, menèrent à l'assaut de cette place enviée. Sur ces points, le dossier de nos informations s'accroît assez pour nous permettre d'espérer qu'à l'aide de futures trouvailles on pourrait peut-être reprendre un jour ce captivant sujet et consacrer aux *Huguenots à Saint-Bertrand de Comminges* un fascicule distinct. Celui qui entreprendrait cette piquante publication se heurterait, comme nous, au problème des pillages successifs dont la cathédrale commingeoise a été l'objet. Déjà nous avons écarté 1577, nos recherches prouvent qu'en cette année un incendie, et non les religionnaires, dévasta la ville presque entièrement. Le vol de 1586 est hors de doute. Quant à 1593-94, les obscurités d'un procès-verbal dressé cent ans après l'événement, les confusions de faits cités en d'autres pièces, amènent ce problème : y eut-il à Saint-Bertrand deux reprises et comme deux accès de pillage, l'un en 1593, sous la responsabilité des Larboust prétendant être chargés de conserver cette place au nom d'Henri de Navarre, l'autre en 1594, quand accoururent les bandes huguenotes de l'Isle-Jourdain et de Vic-Fezensac ?... Mais, dans cette hypothèse, il faudrait admettre que cette double invasion eut lieu, deux années consécutives, *le 20 novembre*, coïncidence singulière. En outre, que les rédacteurs des documents ont oublié de citer les noms des instigateurs de la seconde de ces incursions. J'avoue avoir encore des doutes sur ces particularités de notre histoire. On en avait déjà, à Saint-Bertrand même, au dix-septième siècle, puisqu'on y disait, dès lors, que cette ville avait été prise par les Huguenots *deux* ou *trois* fois le siècle précédent. *Quoniam labilis est hominum memoria !...* Ainsi justifiaient jadis leur initiative certains auteurs de très vieilles chroniques... Si donc je continue de joindre les deux dates 1593-94, c'est à titre provisoire et faute de mieux ; peut-être devra-t-on s'en tenir un jour à la seule année 1594 et admettre que les Larboust entraînèrent alors au pillage de Saint-Bertrand les huguenots de l'Isle-Jourdain et de Vic-Fezensac. Le lecteur, en confrontant les pièces, partagera probablement notre hésitation, il jugera surtout par celle-ci de notre horreur de « solliciter » les textes.

Il y aurait un chapitre essentiel à écrire sur la participation personnelle des ecclésiastiques aux faits de guerre du seizième siècle. Un certain nombre parmi eux se virent dans la nécessité de s'enrôler dans les milices soudoyées, car leurs bénéfices ruinés et incendiés ne leur donnaient plus le pain quotidien. D'autres s'enrôlèrent par ordre et furent menés au combat, mêlés aux hommes d'armes, sous la conduite de prêtres ou d'évêques dont Micheau Malaubert, Hector d'Ossun, évêque de Saint-Lizier, et Urbain de Saint-Gelais, évêque de Comminges, sont les types caractéristiques. Quelles mœurs éloignées des nôtres trahit à ce point de vue l'ordonnance de Pierre de Lancrau, évêque de Lombez, enjoignant à ses prêtres de s'enrôler s'ils en étaient requis par un recteur et un prébendier de son diocèse ! Il importe de le remarquer, nous sommes ici complètement en dehors des processions bigarrées et des attitudes grotesques de certaines manifestations de la Ligue au lendemain des assassinats de Blois, croquis inoubliables dont les auteurs de la *Satyre Ménippée* ont buriné les contours. Vingt ans auparavant, il entrait dans la mentalité ecclésiastique de cette époque de résistance virile aux invasions huguenotes que tous, laïques valides et prêtres, devaient se lever et défendre la patrie atrocement dévastée. Ni fonctions augustes, ni caractère sacré, — hostiles pourtant à l'effusion du sang, — ne parurent devoir dispenser, en ces circonstances périlleusement décisives, de l'obligation de la lutte personnelle, de la résistance à main armée. Quel nombre de gens d'Église entrèrent dans ce mouvement ? Il serait hâtif de vouloir le préciser pour nos régions en ce moment, nos informations étant encore trop limitées; cependant, nous croirions volontiers que des enrôlements de ce genre se multiplièrent principalement en des quartiers où la lutte fut plus vive et où l'on dut disputer le terrain à l'ennemi corps à corps presque, et pied à pied.

Si intéressante d'ailleurs que puisse être la réponse à faire à notre question pour ce qui concerne la région commingeoise, le trait digne d'être retenu actuellement en ceci, c'est la mentalité régnante en notre pays, vers 1568, au sujet de la participation des ecclésiastiques aux risques de la guerre religieuse et l'explication légitime de cette mentalité. De telles révélations documentaires montrent la méprise de certains historiens qui, par pure ignorance des textes, tournent en dérision des résolutions énergiques et hardies dont le mobile leur a totalement échappé.

Indépendamment de ce genre de défense ou d'attaque, comme on voudra, il y eut du côté de l'Église, en France, des contributions pécuniaires destinées à alimenter la lutte contre l'invasion des bandes incendiaires et pillardes. Avec l'assentiment du pape et du roi, la vente de certaines possessions territoriales du clergé rendit, à plusieurs reprises, ces contributions possibles. Il est fait allusion aux engagements de la propriété ecclésiastique dans le Comminges, à propos des subsides versés au Trésor par le chapitre de Saint-Bertrand. Mais il faut nous contenter d'ouvrir, en courant, cette perspective bien digne d'être envisagée avec plus de loisir. L'histoire de l'aliénation du temporel des églises en Gascogne, au XVIe siècle, apporterait à l'histoire générale des guerres de religion un supplément désirable d'informations.

Sera-t-il permis d'écrire à cette place que les textes inédits de Blaise de Monluc contenus en ce volume ne seront pas un des moindres attraits de la présente publication? L'illustre maréchal est à l'ordre du jour. Son œuvre imprimée sortait naguère à peu près indemne d'un des examens les plus serrés auxquels un écrit de ce genre puisse être soumis. Le *Blaise de Monluc historien*, de M. Paul Courteault, a mis en haut relief la valeur des *Commentaires* en tant que source narrative de notre histoire[1]. Leur saveur littéraire, ainsi que celle des nombreuses pages de la correspondance, n'a pas subi d'altération. On est en droit d'attendre du savant professeur de l'Université de Bordeaux une réédition des *Commentaires* et des *Lettres* plus rigoureusement exacte que celle du regretté baron Alphonse de Ruble, si supérieure pourtant à ses devancières. En un tel état de choses, il semble que les dénicheurs des

[1] Voyez Paul COURTEAULT, *Blaise de Monluc historien*, Étude critique sur le texte et la valeur historique des *Commentaires*, Paris, Alphonse Picard, éditeur, XLVIII, 685 pp., in-8° (1908).

pages encore inédites de Blaise de Monluc aient le devoir de les restituer au patrimoine littéraire et historique de la France du XVIe siècle. C'est un tel sentiment qui m'a décidé à publier tout ce que j'ai découvert d'inédit du célèbre écrivain gascon, seules les formules de pure rubrique ont été élaguées. Les missives que nous donnons, jointes à celles que la première série des *Huguenots en Comminges* a divulguées, font entrer dans la correspondance de Monluc bien des noms commingeois qui n'y étaient pas encore mentionnés. Le lecteur remarquera sans peine une belle missive de Charles IX au vaillant serviteur de la monarchie, déjà vieillissant et d'une susceptibilité un peu hargneuse. La cour ménageait le lion « au déclin de ses ans ». Notre Gascon tira justification et vanité de la lettre royale et en fournit copie aux États de Comminges. Par cette voie, ces lignes significatives nous sont parvenues.

A côté du grand nom de Monluc, il convient de placer ceux de Charles IX, d'Henri III de France et d'Henri de Navarre, dont nous publions plusieurs lettres, et, au-dessous d'eux, les noms de Jean de Lavalette, du maréchal de Matignon et du marquis de Villars. L'histoire du père du fameux duc d'Épernon, favori d'Henri III, écrite par Girard, est loin de laisser soupçonner ce que fut l'administration de Lavalette en Comminges, alors qu'aux dernières années de sa vie il possédait la lieutenance de Guyenne[1]. Quant aux lettres de Matignon et de Villars, elles intéressent à plus d'un titre l'histoire de nos contrées. Éclipsés par d'éclatants voisinages, Villars, Matignon et Lavalette sont peut-être trop relégués dans l'ombre : le recueil de leurs ordon-

[1] Voyez *Histoire de la vie du duc d'Espernon*. Paris, 1655.

nances, et spécialement de leurs missives, nous serait précieux.

*
* *

Un mot, en terminant, sur l'ordre selon lequel se présentent les pièces de ce volume.

On a suivi la classification chronologique, comme dans la première série des *Huguenots en Comminges*. La consultation des deux séries sera aisée si l'on confronte, d'après leur date respective, les documents relatifs à une même catégorie de faits. Il n'a pas semblé indispensable de ramener ici les identifications des noms de lieux et de personnes, on les trouvera dans la première série. Les tables analytiques clôturant nos deux volumes permettent d'ailleurs de découvrir sans difficulté ces sortes d'identifications.

Quant aux documents, ils proviennent presque uniquement des archives des États de Comminges; quelques rares pièces sont empruntées aux archives du donjon du Capitole, à Toulouse, et aux archives départementales de la Haute-Garonne.

Reste à composer le récit suivi des événements que notre double publication comprend, en vue d'en faciliter et d'en vulgariser la connaissance. C'est ce récit que l'auteur a le dessein d'insérer dans divers chapitres de l'*Histoire des États de Comminges*, actuellement sur le métier. Ainsi se trouveront exploitées, en leurs plus riches filons, les archives des États, désormais classées et soigneusement conservées à Muret.

J. L.

LES HUGUENOTS
EN COMMINGES

(NOUVELLE SÉRIE.)

I.

1561. — 30 Mars.

Lettre du roi de Navarre au sénéchal de Comminges.

Antoine de Bourbon proteste de l'entente qu'il dit régner entre Charles IX, alors âgé de dix à onze ans, Catherine de Médicis régente, et lui, lieutenant-général du royaume[1]. Sa lettre est adressée au sénéchal de Comminges, personnage insaisissable dans l'histoire des États de ce pays et qui, comme le vice-sénéchal, ne manifestait alors la réalité de sa charge que pour en percevoir les revenus : d'où de multiples réclamations de la part des États. En fait, c'est à ces derniers que parvint la missive du roi de Navarre.

Monsieur le séneschal, oultre ce que vous et tous ceulx de vostre ressort pourront entendre par les lettres patentes que le Roy vous envoye présentement du bon estat en quoy sont toutes choses par deça, et l'unyon et syncère intelligence quy est entre la Reyne et moy pour l'administration de ce royaulme, au bien duquel avecque le service du Roy nous regardons tant seullement et non d'autre chose, j'ay bien voulu pour en donner plus de certitude à ung chascun, vous en escripre ceste lettre que je vous

[1] Voy. Alphonse de Ruble, *Ant. de Bourbon et Jeanne d'Albret*, t. III.

prie faire lire avecque la lettre patente, afin que ung chascun sache que nous n'avons en cela que une volonté et une mesme intention, et tous tandans au bien du service du Roy et repos de ses subjectz quy ne sçauroient rien faire quy me soit plus agréable que de suyvre l'exemple que nous leur donnons en cest endroict.

Priant Dieu, Monsieur le séneschal, vous donner ce que désirés.

De Fontainebleau, le XXXe jour de mars 1560 [*n. s.* 1561].

Le bien vostre, ANTHOYNE.

Et sur le reply l'adresse : *A Monsieur le séneschal de Comenge ou à son lieutenant.*

(Archives de Muret. — Correspondance des États.)

II.

1561. — 27 JUIN.

LETTRE DES CONSULS DE L'ISLE-EN-DODON A CEUX DE PUYMAURIN.

Ils les préviennent des dangers que le soulèvement des huguenots fait courir au pays.

Seigneurs de consulz de Puymaurin soyés advertis que hyer, XXVIe de ce présent moys de juing, les consuls de Muret nous ont escript que les seigneurs de cappitolz de Tholose [leur ont écrit] pour faire guet de nuyct et jour pour le faict de la religion, et nous escripvent que fissen guet, comme dict est, et recherge des armes et des gens, et demeurer toutz pretz pour soubvenir à la honneur de Dieu, et que les méchants Lutériens sont sur le pays avecque grande armée, priant Dieu que les veuilhe empacher en leur maulheureuse entreprinse, après nous estre recommandés, de ce présent jour XXVIIe juing 1561.

Les consulz de l'Isle.

Messieurs, veue la présente ne failhés en diligence advertir de l'ung villaige à l'aultre, et que soyés pretz d'armes secrètement, et que ung de vous venés faire rapport de vos diligences.

(Arch. de Muret. — Correspondance des États.)

III.

1562. — 16 Janvier.

Les États de Comminges et l'Édit de janvier 1561.

A la fin de janvier 1561, le roi étant en son conseil répondit aux cahiers de doléance du clergé, de la noblesse et du tiers-état qui lui avaient été présentés pendant les États généraux du royaume, assemblés dès le 13 décembre précédent. Les calvinistes s'y étaient donnés « de grands mouvemens pour obtenir le libre exercice de leur religion et la faculté d'avoir des temples ». On renvoya leur demande aux prochains États, toutefois « le roi leur accorda une amnistie et défendit désormais de faire aucune poursuite contre eux pour tout le passé[1] ». Les concessions obtenues par les religionnaires en 1561 déplurent aux États de Comminges qui, réunis à Muret le 16 janvier 1562, prièrent le roi de les révoquer. Ils transmirent leur délibération aux États de Languedoc, comme ceux-ci les en avaient requis par une lettre de Chasseboeuf, archiprêtre du Lherm et syndic du clergé de Toulouse[2].

Délibération des États.

L'assemblée délibère qu'il plaise au roi : « révoquer l'Édict du moys de janvier 1561 contenant permission donnée aux ministres prescher par les villes, par le moyen desquels ministres et presches sont survenuz plusieurs insulz, temultes, éditions, et soubz ceste liberté infinis murtres, saccagemens, cruautez, inhumanitez, sacriléges, pillemens d'esglises, brisemens de croix et ymaiges et raptz tant des religieuses que aultres, et aussi à la condition que plaise à sad. Majesté révocquer toutes grâces, pardons et indulgences faictes et accordées par importunité aux rebelles et séditieux qui ont prins les armes contre sa Majesté, à laquelle aussy playse déclairer vaquens tous offices soict de justice, finances ou aultres de ceulx qui se treuveront avoir prins les armes contre sad. Majesté, ou avoir esté faulteurs d'iceulx, et en leur lieu

[1] Voy. *Hist. gén. de Languedoc*, t. XI, p. 345.

[2] « Monsieur [le greffier des États de Comminges], je vous prie nous faire tenir « la délibération de Comenge pour le faict de la Religion et nous obligerez à « l'advenir d'aussy bon cœur que vous pourrez nous faire ladicte despeche, et la « faire tenir à l'hoste de céans. — Chassebeuf, *archiprestre du Lherm et sindic « du clergé de Tolose.* » (Arch. de Muret, correspondance des États.) Le Lherm, aujourd'hui canton et arrondissement de Muret (Haute-Garonne).

pourvéoir de personnes catholicques et de la religion catholicque, romaine... »

(Arch. de Muret. — États de Muret. 16 janvier 1562.)

IV.

1562. — 25 février.

Signification de l'édit de juillet 1561 aux Huguenots de l'Isle-Jourdain.

Une assemblée des États généraux du royaume, indiquée d'abord à Melun pour le 1er mai 1561, se réunit à Pontoise le 1er août suivant, après le sacre du roi célébré à Reims le 15 mai. Déjà, par un important édit donné en juillet, Charles IX avait décidé certains points de la requête présentée par les huguenots demandant le libre exercice de leur religion. L'historien de Languedoc, dom Vaissète, résume cet édit en ces termes :

1° Le roi « défend aux catholiques et aux religionnaires de se molester les uns les autres et de se donner des noms odieux ; 2° il défend aux calvinistes toutes assemblées et toute levée de gens de guerre ; 3° il défend aux prédicateurs de mêler dans leurs sermons des traits qui puissent exciter à la sédition ; 4° il attribue aux juges présidiaux le jugement en dernier ressort des contraventions à cet édit ; 5° il est ordonné que les sacrements seront administrés uniquement suivant le rit de l'Église romaine ; 6° le roi réserve aux juges ecclésiastiques la connoissance du crime d'hérésie, à condition néanmoins que lorsque les coupables seront livrés au bras séculier ils ne pourront être punis que de la peine de l'exil, jusqu'à la décision du concile général, que le pape avoit convoqué de nouveau à Trente, ou d'un concile national ; 7° que le roi accorde une amnistie générale à tous ceux qui avoient contrevenu aux édits, ou qui étoient coupables de révolte depuis la mort du roi Henri II [1] ».

Cet édit fut signifié aux huguenots de l'Isle-Jourdain le 25 février 1562 (*n. s.*), par Pierre du Faur, vicaire général en l'archevêché de Toulouse [2]. Nous donnons le procès-verbal de cette signification :

L'an mil cinq cens soixante ung (*v. s.*) et le vingt cinquiesme jour du moys de febvrier, en la ville de Lisle Jourdain, dans la chambre du Conseil, au Concistoire de la court de Monsieur le

[1] Voy. *Hist. gén. de Languedoc*, t. XI, p. 348.

[2] Sur ce personnage, voy. Sylvain Macary, *Généalogie de la Maison du Faur*, pp. 20-28.

sénéchal d'Armaignac, Monsieur Me Pierre du Faur, abbé de Faget, doyen en l'église St-Martin, aud. Lisle, en présence de Messieurs Mes Jehan de Fargia, licencié, lieutenant dud. seigneur sénéchal, de Jehan de Ruppe, juge ordinaire, et de Me Guilhaume Sigal, procureur pour les roy et reyne de Navarre au comté dud. Lisle, et en absence de noble Pierre de Bergare, gouverneur en icelle comté pour lesd. seigneurs et dame, de Me Jehan de Sabonières, viguier, et dez consulz, les toutz officiers dud. Lisle; dict et remonstra avoir charge et mandement de monseigneur arcevesque de Tholose, comme son vicaire général aud. archevesché, et de la part de Monseigneur le révérandissime cardinal d'Armaignac, de venir en lad. ville de Lisle comme estant lad. ville du diocèse dud. Tholose, pour remonstrer ausd. officiers le bon voloir et intention que led. seigneur arcevesque a de garder et observer entièrement le contenu de l'Edict du Roy en dernier lieu publié en la Court souveraine de Parlement audit Tholose, sur le faict de la Religion et de icelluy faire observer, en tant que luy sera possible, à toutz ses subiectz et diocésains en ce qui conserne l'ourdre et police ecclésiastique, affin de vivre en pais et que l'espiritualité conserve en son degré, et pour obvyer à toutes esmotions et escandalles suyvant le contenu aud. Edict, a esté cause led. seigneur du Faur requist lesd. messieurs officiers, parlant ausd. de Fargia, de Ruppe et Sigal, de vouloir observer et faire garder, observer et entretenir de leur part led. Edict, aud. Lisle, et ce faisant, de tant qu'il est adverty que ceulx de l'église reffformée n'avoyent entièrement obéy, ayant prins une maison appertenente au commandeur du St Esprit dud. Lisle, aux faux bourgz, contigue à une petite église de la commandairie dud. commandeur et dez deppendences d'icelles, en laquelle maison ilz font leurs presches et prières, lez faire changer de lieu et faire vuyder, et contraindre le ministre et gens de lad. église reffformée faire leursd. prêches et prières hors lad. ville.

Protestant que de la part des prebstres et personnes ecclésiastiques dud. Lisle, quelz qu'ilz soyent, ny aura esmotion ne escandalle, et que les gens de lad. église reffformée ne seront troublés, ne empêchés ausd. prêches et prières qu'ilz feront hors lad. ville, comme porte led. Édict, ou fauxbourgz d'icelle.

Néanmoingz pour ce que lez gens de lad. église refformée, contre les constitutions ecclésiastiques, mangeant chair au temps du caresme ainsy qu'il est adverty, et tiennent boucherie dans lad. ville de Lisle, ne faisant difficulté aller sarcher chair à lad. boucherie, à la veue de tout le monde, l'appourtant de soubz leurs manteaulx par lad. rue à leurs maisons, que pourroyt estre chose qui escandalizeroyt le peuble et habitans dud. Lisle, a requis lesd. officiers faire inhibition et deffence aux gens de lad. église reffor-mée de ne tenir, aud. temps de caresme, boucherie ouverte et de ne achepter chair en public et en manger sans permission de leur prélat et ordonnance de médecin, et en tout advèuement où il leur seroyt permys de tenir boucherie, que ce doibt estre hors lad. ville de Lisle pour esvyter à toutes escandalles.

Davantaige a dict et remonstré estre deffendu par led. Édict, à toute manière de gens, de ne travailher les jours dez festes cho-mables, à quoy ung sarrurier dud. Lisle, demeurant près la porte dicte de Tholose, a contrevenu. Car de tout le jour de hier, vingt quatriesme du présent moys de febvrier, combien feust jour d'ap-postre[1], feste chomable, ne cessa de travailher en sa bouticque, comme ledict Dufaur mesmes dict avoir veu en passant par la rue, requérant en estre faicte pugnition et en oultre estre procédé contre les rebelles et mutins qui contrevyendront aud. Édict, par telle voye et pugnition qu'il en soye exemple à tous autres.

Et quant aux mutinations et rebellions qui pourront advenir du cousté desd. prebstres et personnes ecclésiasticques, affin qu'il en face la pugnition comme vicaire général dud. Tholose et ayant charge dud. seigneur arcevesque, leur supérieur, a requis lesd. officiers luy voloir tenir main forte pour faire la pugnition desd. prebstres et personnes ecclésiasticques mutins, et rebelles, et cédicieulz, suyvant le privilège octroyé à l'espiritualité pour ce regard, affin que la volonté du Roy soye gardée de tous coustés.

Ledict seigneur de Fargia, lieutenant, a respondu aud. s[r] de Faget, après l'avoir très affectueusement remercyé des honnestes remonstrances par luy faictes, et de la bonne affection et voulanté dud. s[r] révérandissime cardinal, que comme très humbles et très obéyssans subiectz du Roy et officiers dez roy et reyne de

[1] Saint Mathias.

Navarre, en mesme instant que l'Édict du Roy leur fust appourté le firent publier, proclamer et enregistrer, eulx présens et assistans; et suyvant le contenu d'icelluy et voulenté du roy, firent vuyder le lieu et temple du chasteau de lad. ville, où les presches et prières se faisoyent, au ministre et gens de l'église refformée qui sans escandalle, trouble, ne empeschement se sont ramenés à lad. maison appartenente aud. commandeur[1], de voloir et consentement des fermiers et arrentiers de lad. commandairie laquelle conciste en une metterie ruralle et maison susdite, payant fiefs, censives et oblies, n'ayant rien en espiritualité. Et mesmes aux faux bourgz d'icelle ville ne se trouveroyt autre lieu commode pour s'assembler et faire lesd. presches et prières, comme avoyt esté advisé et regardé.

Et quant au reste, lesd. officiers n'ont esté aulcunement advertys de la contrevention de l'Édict, ne que plaincte, douléance et remonstrance leur en aye esté faicte, pour le moingz qu'il aye entendu. Toutesfoys pour l'oubéyssance due aud. sieur roy ne fauldront s'en informer et faire la pugnition telle qu'il appertient et pourveoir, en toutes choses, de la police, comme le debvoir et raison leur commande.

Et en ce que regarde la main forte requise par led. s^{r} de Faget, où l'occasion se présenteroyt, a offert toute la force, faveur et ayde de justice et main forte, comme ceulx qui désirent que le peuble et subiectz du roy vivent soubz la craincte de Dieu et obéyssance de la majesté dud. sieur, reppos et tranquilité public.

BLANCHÈRE.

Cote : « Procès-verbal de la remonstrance faicte par Mr du Faget à L'Isle en Jordain touchant la R. P. R. — 25 février 1561 ». (*V. s.*)

(Arch. de la Haute-Garonne, série G, liasse 643.)

Il est longuement question des religionnaires de l'Isle-Jourdain dans le premier volume de nos *Huguenots en Comminges*[2]. On y voit notamment les circonstances de l'installation des chanoines de la collégiale Saint-Martin de l'Isle dans l'église Saint-Rome de Toulouse. Depuis la

[1] Cf. Antoine DU BOURG, *Histoire du Grand-Prieuré de Toulouse*, pp. 237 et suiv.

[2] Pp. 410-411, etc.

publication de ce travail, nous avons trouvé quelques notules relatives à ce corps ecclésiastique.

Le 26 juin 1586, Antoine Paneboeuf et Jean de Saint-Amans, celui-ci célérier et sindic du chapitre, afferment les revenus et fruits du bénéfice de Marnac, dépendant de la mense canoniale, pour neuf cartons blé froment, mesure de l'Isle-Jourdain. Le même jour a lieu l'arrentement des revenus de Bretx. Prix : dix-neuf cartons blé froment.

Mre Domerc, prébendier de l'Isle, teste à Toulouse le 30 juillet 1586. « Il veult et désire estre ensevelly dans l'esglise de Saint-Rome où les s^{rs} chanoines et chapitre de lad. esglise [de l'Isle] sont à présent retirez à cause des trobles ou occupation de lad. ville de l'Isle détenue par les hérétieques, ennemis de Dieu et du Roy... » Dans son testament du 9 juin 1587, Me Estienne Mac, prébendier de la même collégiale, déclare : « qu'il a considéré les misères de ce temps plain de troubles de guerre et contagion, et les grandz dangiers, et incroiables hazards, et maulvais rencontres que comme pouvre personne trouve, voulant seulement sortir hors de sa maison, que si par fortune l'on n'est lotgé en ville de bonne asseurance et forte garde, les ennemys de Dieu et du Roy assaillent tout et mettent à feu et à sang, toute manière de gens sans pitié, ny miséricorde, qu'est cause que cognoissant tels malheurs estre advenuz en plusieurs lieux et journellement adviennent à cause des guerres civiles estans en ce pouvre roiaulme [1] ».

V.

1562. — 3 Mai.

La « sédition » de Toulouse.

L'édit de juillet 1561 ne pacifia pas les provinces où le soulèvement des religionnaires était imminent. Il se réalisa à Toulouse en mai 1562, et ce fait est assez connu pour qu'il soit inutile de le raconter ici [2]. L'événement eut sa répercussion en Comminges, on leva des troupes dans les diverses châtellenies de cette région afin de secourir Toulouse.

1. — Lettre du Parlement de Toulouse a M. de Lamezan.

Les gens tenens la court de Parlement pour le Roy nostre sire à Tholose, au seigneur de Lamezan, salut.

Comme estant lad. ville et cité de Tholose invadée par ceulx de la nouvelle religion, ayant déjà prinse et saysie la maison de lad.

[1] Arch. des notaires de Toulouse, reg. de Valelles, *ad. ann.*, fol. 277, 278 v., 312, 230.

[2] Cf. *Les Huguenots dans le diocèse de Rieux*, pp. 67 et suiv.

ville et certains aultres lieux publicques, pour conserver lad. ville et habitans d'icelle en la obeyssance du Roy soyt besoing lever des gens en armes pour résister aulx forces desd. céditieulx, pour ce est-il que nous vous mandons et comettons par ces présentes vous transporter incontinent et sans délay aux aultres villes et lieux des environs dud. Tholose, et illec à la plus grande diligence que faire pourrés, assembler tel nombre de gens en armes qu'il vous sera possible, et iceulx assemblés les admenés et conduisés en lad. ville et cité de Tholose pour le service dud. seigneur. Mandons et commandons à toutz seigneurs gentilz-hommes, consulz et aultres subiectz dud. seigneur que à vous ce faysant donnent ayde, secortz et vivres, si de ce requis en sont.

Donné à Tholose, en Parlement, le 3e de may 1562.

LAYSSAC, *signé*.

(Arch. de Muret. — États de Samatan, octobre 1562.)

2. — DÉLIBÉRATION DES ÉTATS POUR LA LEVÉE DE TROUPES DESTINÉES A SECOURIR TOULOUSE.

Le quatriesme jour du moys de may 1562, par messieurs les gens des Troys Estats du pays et comté de Commenge, assemblés dans le couvent des Frères Mineurs de la ville de Samathan pour délibérer quant au faict de la religion, a esté arresté que pour le service du roy, en la ville et chastellenye de Samathan, les seigneurs de la Bastide de Sçavès et de Savinhac avec les consulz dud. Samathan feront rescherche des personnes tant nobles, ecclésiastiques que aultres, et armes que treuveront en lad. ville, maisons desd. nobles, pour le service dud. seigneur, affin d'estre prestz quand plèra à sa Majesté commander cheminer à la part où luy semblera, tout ainsin et en la forme et manière qu'ilz ont cy-devant accoustumé, après avoir eu advis des consulz des villaiges de la chastellenye, lesquelz depputés auront aussy puissance de prendre les armes d'iceulx qui ne seront pour faire service et en pourvoieront ceulx qui en sont despourveuz, estant choisis par lesd. consulz, et commandez pour le service aud. s[r], en baillant receu à ceulx desquelz prendront lesd. armes, demeurant touttefoys le pays saisi de personnes et armes eu esgard à la quantité que s'en y treuvera, et le tout sans faire fraix ny en pouvoir pour raison de ce demander au pays.

Et par mesmes fins en la ville et chastelenye de Muret, sont depputés le seigneur du Fauga et le seigneur de Bellefontaine[1], avec les conseulz de la ville de Muret.

En la ville et chastelanye de l'Isle-en-Dodon sont accordés et depputés les s^rs^ de Salerm et Castetgaillhard, avec les conseulz de lad. ville.

En la ville et chastelanye d'Aurinhac sont esté accordés et depputés le baron de Benca et le s^gr^ de Saman, avec les conseulz de lad. ville.

En la ville et chastelanye de Saint-Jullian sont depputés les s^rs^ de Montberauld et Gouteverni sse, avec les conseulz de lad. ville.

En la ville et chastelanye de Salies sont depputés le s^gr^ de Tayan et le s^gr^ de Bourepaux, avec les conseulz de lad. ville.

En la ville et chastelanye de Castilhon sont accordés le cappitaine dudit Castilhon et le s^gr^ de Villeneufve, avec les conseulz de lad. ville.

En la ville et baronie d'Aspect sont accordés les s^rs^ d'Ysaux et Sabba, avec les conseulz de lad. ville.

En Fronssac et chastelanye d'iceluy sont esté accordés tant pour lad. chastelanye que ville de Banhères, membres deppendant dud. Fronsac, le seigneur capp^ne^ Barbasan, le s^gr^ de Sainct-Paul et le capp^ne^ dud. Banhères, avec les consulz dud. Fronsac et Banhères, chascun en son regard.

A la cité de Sainct-Lezé, monsieur de Couserans[2] avec les conseulz de lad. ville et cité.

A la ville de Lombès se transporteront lesd. s^grs^ de Labastide et Savinhac pour, avec les conseulz d'icelle, y procéder de mesme.

GALABERT.

(Arch. de Muret. — États de Samatan, mai 1562.)

3. — REQUÊTE DE GÉRAUD D'ENCAUSSE.

A Messeigneurs tenants les Estatz au Pays et comté de Cumenge.

Supplie humblement le seigneur de Save que en la présente

[1] Le Fauga, dans la châtellenie de Muret. Bellefontaine, lieu dit dans le consulat de Muret.

[2] Hector d'Ossun.

année par le mandement du Roy ou ses lieutenantz, et de la souveraine Court de Parlement de Tholose, auroit faict levée de une compaignie de troys centz gens de guerre soldatz pour estre conduictz en Tholose pour la tuition et saulvegarde contre ceulx de la novelle religion, et en faisant l'assemblée et en icelle compaignie conduysant par le pays ont sont passés, luy a convenu faire plusieurs frays et menus fornitures du sien propre pour le solaigement du peuple, lequel n'en a point souffert aulcunement comme il en a ses acquitz de tous les lieux ont sont passés, de quoy n'en auroit il reçeu que cent escuz petitz des consulz d'Aspect, combien qu'il y en aye frayé cent quatre vingtz escuz sol, comme appert par le menu couché en son rôle.

Ce considéré, vous plaise, Messieurs, ordonner que led. suppliant sera remborcé desd. sommes par luy fornyes, plus à plain expécifiées aud. rôle cy attaché.

(Arch. de Muret. — État de Samatan, mai 1562.)

4. — Dépenses de Géraud d'Encausse.

Frais et despens fornis et fraïés par nous Gérauld d'Encausse, cappne député à la conduicte des gens levés à pied pour le service du Roy, par le scindic des Troys Estatz et par mandement de la Cour suprême de Parlement de Tholose, commencé le 18e de may 1562.

Premièrement pour saptisfaire au commandement de lad. Cour et pour conduire 300 hommes levés en lad. baronie d'Aspet aud. Tholose distant dud. Aspet douze lieues et plus, a faillu achapter de soye pour faire une enseigne qui coste, comprins la faison, 12 escus sol, et pour ce. 12 e. s.

Item, semblablement ay achapté deux tamborins de Soixe (Saxe) pour conduire lesd. soldatz, que costent dix escutz, et pour ce. . . . . 10 e. s.

Item, a cause que lesd. soldatz n'estoient bien proveus de munition nécessaire ay achapté tant de plomb, poudre, que corde, 20 escutz, et pour ce. 20 e. s.

Item, partant d'Aspet m'en suis allé avec lad. compaignie et prins le chemin droict à Tholose, et arrivé au lieu de Guantios[1] ont

[1] Ganties, canton d'Aspect.

repeu mad. compaignie, ont despendu 10 escutz sol, et pour ce. . . . . 10 e. s.

Item, le soir suis allé logier avec mad. compaignie au lieu de Labarte et illec soparent, et lendemain désiuner, que despendismes 18 escutz sol, et pour ce. . . . . 18 e. s.

Item, le jour mesmes à disner au lieu de Lestoyle[1] avons païé pour la despence dud. disner, 10 escutz sol, et pour ce. . 10 e. s.

Item, et venant le soir, suis arrivé au lieu de Bosseux avec lad. compaignie et illec avons soppé, et lendemain desiuné, que ay païé pour lad. despence et désiuné le matin, 18 escutz sol, et pour ce . . . . 18 e. s.

Item, le susd. jour au soir suis arrivé au lieu de Grateux et illec avons demeuré deux jours attendant responce du messagier que avions envoyé en Tholose où ay despendu et payé pour la despence de lad. compaignie, 28 escutz sol, et pour ce. . . . 28 e. s.

Item, partant dud. Gratteux suis allé lotgier au lieu du Bosc de la Peyre, attendant response des messieurs de Tholose où ay demeuré avec mad. compaignie, une soppée que ay forny et frayé pour la despence d'iceulx, 15 escus sol, et pour ce. . . . 15 e. s.

Item, lendemain aiant responce et contremandement du s[r] de Belleguarde, en ay faict retourner mad. compaignie et pour leur retour ay baillé 40 escutz sol pour eulx soy deffraïer, et pour ce. . . . . 40 e. s.

* * *

Taxé pour la despence de son serviteur 5 l. t. et quant au reste : *nihil*. — 1562. »

(États de Muret, juin 1562.)

5. — Dépenses des consuls de Salies.

Roole de la despence et fraiz que ont esté fourniz et exposés par nous Simon Dufraixe, Arnauld Arnauld et Guillem Ducros et Mr Bernard Dufourn, notaire, consulz de la ville de Sallyes, sur la reserche et desnombrement des personnes et harnois pour le service du Roy en notre chastellenye, en suyvant le commandement du Roy et arrest de ses gens des Troys Estatz en la conté de Comenge, tenu à Samathan le 4e jour de may 1562.

[1] Lestelle, canton de Saint-Martory.

Et premièrement avons fourny pour advertir les consulz de la chastellenye suyvant led. arrest, se trouver en ceste ville pour entendre icelluy sur la obéyssance dud. seigneur, au pourteur des lettres tout incluz . . . . 2 s.

Item, le jour dixiesme dud. moys, lesd. consulz assignez se trouvarent lesd. consulz en la présente ville pour entendre le voulloir et mandement dud. s^r et arrest desd. Estatz, et là présens les sieurs dud. Sallyes et autres ordonnez et depputez par lesd. s^rs tenans lesd. Estatz, avoir fourny pour les despens de bouche desd. s^rs et nous, et autres accistans et serviteurs. . . . . . . 2 l. 10 s. t.

Item, le jour susd. feust ordonné que lesd. consulz de nostred. chastellenye feroinct chascun les reserches des personnes et arnois pour le service du Roy, et amener chascun d'iceulx en équipaige les gens plus aguerriz de leurs villaiges en la présente ville, et d'iceulx nous en faire en présence desd. s^rs la vraye rellation, ce que feust faict le mardy ensuyvant, le XIIe dud. moys. A esté fourny pour semblables despens. . . . . 2 l. 15 s.

Item, le jour susd. feust ordonné que lesd. s^rs et nous que tous les consulz de lad. chastellenye assembleroyent leur conseil et nous bailler les soldatz armés chascun en son endroict, suyvant la puissance du lieu, le tout sans despourvoir leurs villaiges de armes et gens, si besoing estoit, pour leur deffence, comme le voulloir du Roy est. Le XVIIe jour dud. moys, jour de Pentecoste, se trovarent lesd. consulz pour desnombrer leur voulloir et l'eslection desd. soldatz, où se trovarent lesd. s^rs. Pour semblables despens de bouche. . . . . 3 l. t.

Item, le lendemain feste de Penthecoste, XVIIIe dud. moys, les s^rs et nous avons faicte la monstre en la présente ville de Sallyes. A esté despendu de bouche, des despens desd. s^rs, nous et aultres soldatz, pour les attirer faire service au Roy. . . . . 6 l.

Item, lendemain, mardy XIXe, feste de Penthecoste, pour achever lesd. montres, et les soldatz marchèrent pour aller à Tholose avec lesd. s^rs et nous. Pour despens desd. s^rs que nous et soldartz. . . . . 7 l.

Item, le mesme jour la compagnie partit de la présente ville et s'en alla à Sainct-Marthoire, la nuict. Fust prins troys cartiers de Bernard Latour, boucher de la présente ville, que luy a esté baillé pour lad. chair, que aussi la chair avoyr fourny en lad. despence dessus escripte que ne est faict mention aud. compte, et suyvant les tailles et lèves de lad. chair, luy a esté baillé par compte arresté. . . . . 10 l. t.

Item, avons faicte la enseigne pour accompaigner lad. compaignie et conduicte icelle pour l'honneur du Roy, que avons payé.. . . . . 15 s.

Item, le lundy XVIIIe jour susd. feust envoyé messagier aux consulz de diligentement faire partir et desloger leurs soldars pour marcher suyvant le mandement du s^r^ de Monluc, et avons payé aux messagiés. . . . . 13 s.

Item, avons payé le mardy au soir à Sainct-Martoire pour les despens des soldats. . . . . 25 l. t.

Item, payé au lieu de Boussens pour la collation de la compaignie sans séjourner et passer aud. lieu le mercredy XXe dud. moy. . . . . 4 l. 16 s.

Item, feust contremandé par le s^r^ de Monluc nostre compaignie estant au lieu de Seysses-[Tholosanes] et les soldatz congédiés veu son mandement soy retirer chascun pour le présent, jusques le voulloir du Roy, estre prest pour luy faire service, feust fourny pour despence de plusieurs soldatz et nous. . . . . . . 15 l. 12 s.

Item, feust despendu le mesme jour, que estoyt vendredy XXIIe de may, au lieu de la Bernoze[1], à souper, tant pour certains soldatz despourveuz de lougis, pour leur despence et nostre. . . . . 14 l. 10 s.

Item, le lendemain, XXIIIe dud. moys, a esté baillé par nous en despence des soldatz, que nous, à disnée. . . . . 15 l. t.

Sabin Fresche, *consul*. — Du Fourn, *consul*.

Item, plus avons payé à nostre greffier pour ces peines tant de lettres d'avertissement aux consulz des villages, par deux foys, que autres actes nécessaires . . . . 7 l. 10 s.

Du Fourn, *cons. susd.*

Rolle des consulz de Salies. — 1562.

(Arch. de Muret. — États de Samatan. mai 1562.)

[1] Seisses-Tolosanes et Lavernose, canton de Muret.

6. — Requête de P. Cescau, marchand, de Muret.

A vous Messieurs des Estatz, etc.

Supplie humblement Pierre Cescau, marchant de la présente ville de Muret, que au temps des troubles et de la cédition, M. Coignard, conseiller du Roy, nostre sire, en sa cour de parlement séant à Tholose, fut depputé commissaire par lad. cour et aussy par le révérendissime cardinal d'Armaignac, arcevesque de Tholose et lieutenant du Roy en la séneschaussée, pour venir renforcer lad. ville comme ung bolvard dud. Tholose et la capitalle et refuge dud. pays : à celle fin que s'il y avoit nécessité, que ceulx dud. pays se y pussent retirer et leur bien en lad. ville, et garder la cité de Tholose, dont led. s^r Coignard auroict logé par certains jours en la maison dud. suppliant et de son frère...

(Un capitaine accompagnait le conseiller à Muret.)

(Arch. de Muret. — États de Muret, décembre 1562.)

7. — Délibération en faveur de M. de Négrepelisse [1].

Comme à l'assemblée de nous gens des Trois Estatz du pays et comté de Commenge assemblés en la ville de Samathan pour le faict de la religion le 4e jour des mois et an soubz escriptz, se seroict présenté le s^gr de Savinhac qui ayant remonstré ce mois d'avril dernier passé que luy estant en la ville de Moyssac, assemblée y tenue par le clergé de la Guyenne en compagnie de la noblesse des pays d'Auvergne, Quercy, Peyrigord, Agenoys, Armanhac, Comenge et pays circonvoisins pour le faict de lad. religion, en laquelle assemblée auroit esté remonstrée certaine requeste pour estre présentée à Mrs de Burye, chevallier de l'ordre de la majesté du Roy, en l'absence du roy de Navarre et de Monluc, aussy chevalier de son Ordre et capitaine de cinquante hommes d'armes, à ce que les troubles, désobéissances, séditions, forces et violences que de jour à aultre commettent ceulx qui se disent estre de la nouvelle religion, au grand deshonneur de Dieu, ruyne de son Esglise, mespris et contreventions du prince, fussent corrigés, à laquelle auroit esté respondeu que seroit monstrée au

[1] Sur Louis de Carmaing, s^gr de Négrepelisse en Quercy, voy. Edmond Cabié, *Guerres de religion dans le sud-ouest de la France*, col. 2, etc.

Roy, et pour ce faire auroient les gens de l'Assemblée commis et depputé le seigneur de Negrepelisse, et pour ce que le principal intérest tomboit sur les bras de l'Estat du clergé; led. s[r] de Savinhac auroit respondu comme disoit pour la partie de la somme cottizée pour faire le voyage en court que auroit monté à la part du clergé de ceste comté de Comenge 100 escus sol; et pour ce que le clergé de Lombez auroit offert et depuys payé pour sa cottité 40 escus sol, pour estre deschargé du reste qu'est 60 escus auroit requis ausd. s[rs] desd. Estatz de Comenge vouloir donner mandement au trésorier payer lad. somme à l'homme dud. s[r] de Negrepelisse qui estoit illec expressement et à ces fins venu.

Nous gens desd. Estatz délibérans sur ce, aurions dit et ordonné que led. trésorier avanceroit lad. somme de 60 escuz pour led. clergé, à la charge au scindic du Tiers Estat en poursuyvre le rambourcement sur les clergés tant de Bonnefont, Foelheux que Eulnes[1]...

Aud. Samathan, le 5e jour dud. moys de may 1562...

GALABERT.

(Arch. de Muret. — États de Samatan, mai 1562.)

8. — LETTRE DE B. DE MONLUC AUX CONSULS DE SALIES LEUR ENJOIGNANT LE RETRAIT DES HOMMES D'ARMES.

Messieurs les consulz, j'ay entendu la bonne dilligence que vous avés faicte d'assembler gens pour le service du Roy; mais pour autant qu'il n'est pour le présent besoing qu'ilz viennent par deca, je vous prie renvoyer chascun en sa maison, et garder qu'ilz ne facent point de désordre, et qu'ilz se tiennent prestz à partir si d'adventure l'on en a besoing. Touchant aux frais s'il y en a l'on fera quelque cottisation pour rembourcer le tout, Dieu aydant, qui vous doint sa grâce.

De Tholose, ce XXIIe may 1562.

Vostre bon amy,

MONLUC.

[1] On reconnaît ici les abbayes commingeoises de Bonnefont, Feuillant et Eaunes.

Je vous asseure que je n'oublierai d'escripre au roy et à son conseil du debvoir auquel vous vous estes mis pour son service.

A Messieurs les consuls de Salies.

(Arch. de Muret. — États de Samatan, mai 1562.)

VI.

1562. — Juillet.

Levée de troupes en Comminges.

Les derniers mois de l'année 1562 le Comminges a vécu sur un pied de guerre par crainte de surprises du côté huguenot. Le cri d'alarme poussé en juin par le parlement de Toulouse eut sa répercussion dans toutes nos châtellenies.

1. — Commission du parlement de Toulouse a Odet de Benque, pour préparer une levée de troupes.

Pour obvyer aux entreprinses et conjurations que font journellement ceulx de la nouvelle religion pour invahir et mectre hors l'obéyssance du Roy plusieurs villes du ressort de la court, est enjoinct au s^{gr} de Benque, scindic de la noblesse du pays de Comenge, dès incontinent et sans délay, commectre et depputer personaiges de qualitté requise pour faire monstre et recognoistre le nombre des personnes des chastellenyes dud. pays de Comenge, l'estat et équipaige auquel ilz sont, affin d'entendre quel nombre en pourra estre tiré dud. pays pour le service du Roy, oultre et part ceulx qu'il conviendra laysser aud. pays pour la garde et conservation d'icelluy, et de ce qu'ilz en trouveront en advertyr promptement la Court.

Faict à Tholose, en Parlement, le dernier jour du moys de juin 1562.

Layssac. — (Collationné par Destralis.)

(Arch. de Muret. — Etats de Samatan, octobre 1562.)

2. — Lettre de O. de Benque a François de Comminges, baron de Roquefort.

Monsieur mon cousin, je ay receu une commission de la court de Tholose, ensemble une lettre, desquelles vous envoye une coppie. Je vous substitue et commetz à vous et à Monsieur de

Bourepaux, lequel je advertiré, pour faire les monstres. Pour ce je vous prie y donner le melheur ordre que faire se pourra et faire en sorte qu'il y aye tant de gens que faire se pourra, et n'espargnerés aulcung, et faites faire les cries que toutz les gentilz hommes soient pretz et en équipage de chevaulx et armes pour marcher quand ilz seront mandés, d'heure en heure. Je vous supplie de rechef y voloyr donner la meilleure diligence que faire se pourra, et me advertirés de tout le plus brief que pourrés, affin que je en advertisse lad. court de tout; qu'est fin, me recommandant de bon cœur à vostre bonne grâce, priant Dieu, Monsieur mon cousin, que en sainteté vous donne longue et heureuse vie.

De Montégut qu'est vostre, ce IIIe julhet 1562.

Vostre plus obéissant cousin prest à vous faire service : O. de Benque, ainsi signé, et au dessoubz : Monsieur mon cousin je vous subroge à Salies et à Castilhon, et faites faire les cries que toutz les gentilz hommes soient prestz de heure en heure. Advertissés les consulz qu'ilz despêchent le plus tost que faire se pourra.

Et au dessus est inscript : *A Monsieur mon cousin, Monsieur de Roquefort, à Belesta.*

(Arch. de Muret. — États de Samatan, octobre 1562.)

3. — Missive des consuls de l'Isle-en-Dodon a ceux de Puymaurin.

Messieurs de consulz de Puymaurin, vous advertissons que avons receu une lettre de Monsr de Benque, commissaire de par le Roy, et suyvant laquelle ferés mettre par rolle tous ceulx qui se porront treuver en vostre villaige pour pourter les armes au faict de guerre pour le service dud. sr, et en équipaige, avec bonnes armes telles que se porront recouvrer, et nous est enjoinct et à vous de les en pourvoir; et ce, le plus promptement et diligemment que se porra fère, sans aultre délay attendre, pour après se treuver en nostre ville de l'Isle pour faire mostre et marcher la part où sera besoing, en quoy ne ferés faulte, et nous mander le rolle des gens, et les tenir pretz pour faire lad. mostre.

De l'Isle, ce IIIe de juillet [1562].

Par vostres amys et voysins,

Les Consuls de l'Isle-en-Dodon.

(Arch. de Muret. — États de Samatan, octobre 1562.)

4. — Missive des consuls d'Aurignac aux consuls de cette chatellenie.

Messieurs les consulz, suyvant le mandement du Roy et de la Court de Parlement de Tholose et de Mr de Benque, scindic de la noblesse de Comenge, commissaire sur ce depputé, lequel mandement pourrès veoir et entendre ez mains du présent pourteur, ne faictes faulte de incontinent recognoistre et depputer les personnatges de qualité requise en équipaige d'armes que trouverés en vostre consulat, et que soyent pour faire service au Roy, nostre sire, et vous en venir et trouver avec eulx en la présente ville d'Aurignac, comme chief de chestellenye, à lundy prochain que l'on comptera le 6e jour de ce présent moys de juillet, à l'heure de huict heures de matin pour faire le monstre, à la peyne d'estre déclairés revelles et désobéyssans au Roy et à lad. Court.

Faict [à] Aurinhac, le ive de juillet 1562.

Par voz amys, Les Consulz d'Aurinhac.

(Arch. de Muret. — États de Samatan, octobre 1562.)

5. — Missive des consuls de l'Isle-en-Dodon aux consuls de Puymaurin.

Messieurs de consulz de Puymaurin, vous advertissons que suyvant la lettre que monsr de Benque, commissaire, nous auroict envoyée, il nous a envoyé monsr de Péguilhan pour sçavoir sy nous avyons faict nostre devoir, et que vous soyés prestz à dimanche, pour ce vous serés pretz aud. jour et vous en venés aud. jour à l'Isle avec ceulx qui seront pour porter armes pour faire la mostre.

De l'Isle, ce viie juilhet [1562].

Par vostres bons amys et voysins,

Les Consulx de l'Isle-en-Dodon.

(Archiv. de Muret. — États de Samatan, octobre 1562.)

6. — Avertissement du Parlement de Toulouse a la noblesse de Comminges.

Messieurs,

Par la lettre que nous avons receue à ce matin du seigneur de Tarride, avons entendu les entreprises que ce font en plusieurs endroicts du pays par les ennemys du Roy pour surprendre les villes et lieux dud. pays, et iceulx mettre hors l'obéissance dud.

seigneur, qu'est la cause que avons advisé vous escripre la présente, afin que icelle receue, donniés diligence vous mettre en l'équipaige requis pour vous rendre la part que par led. s[r] de Tarride vous sera ordonné pour le service du Roy, et sur ce prions le Créateur vous conserver en sainсté.

Escript à Tholose, en Parlement, soubz le signet d'icelluy, le huictiesme jour d'aoust 1562.

Les gens tenans la Cour de Parlement, pour le Roy, en Tholoze, vos bons amies, LAISSAC.

Et sur le reply : A Messieurs, Messieurs de la Noblesse du païs de Comenge. — Coppié par moy : GALABERT.

Pièces pour les consulz de Castilhon. — Taxé xx liv., pour les troubles, 1562. — Coppie pour advertir la noblesse de Comenge.

(Archiv. de Muret. — États de Samatan, octobre 1562.)

7. — AVERTISSEMENT DU PARLEMENT DE TOULOUSE AUX SINDICS DE COMMINGES.

Scindics, par la lettre que nous avons reçue, à ce matin, du seigneur de Tarride, avons eu advertissement des assemblées et conspirations que se font en plusieurs endroictz du pays par les ennemys du Roy pour surprendre les villes et lieux dud. pays, et icelles mettre hors l'obéissance dud. s[r], de quoy vous avons bien volu advertir afin que de vostre part donniez ordre à la garde et seurté des villes et lieux de vostre pays de Comenge, en sorte qu'elles soient tenues et conservées en l'obéissance dud. seigneur. A quoy ne ferez faulte.

Et sur ce prierons le Créateur vous conserver en sa grace. — Escript à Tholose, en Parlement, sous le signet d'icelluy, le 8e jour d'aoust 1562.

Les gens tenans la Court de Parlement pour le Roy à Tholose, vos bons amis : LAYSSAC. — Et sur le repli : A Messrs, Messrs les Scindicz du Pays de Comenge.

Coppie tirée de son original, par moi : GALABERT.

Coppie pour advertir les villaiges de la comté de Comenges.

(Arch. de Muret. — États de Samatan, octobre 1562.)

8. — DÉCLARATION DU Sr ODET DE BENQUE, SINDIC DE LA NOBLESSE DE COMMINGES.

Je soubzsigné, scindic de la noblesse au pays et comté de

Comenge, après avoir veues les deux lettres envoyées par la cour de parlement de Tholose, l'une à ceulx de lad. noblesse et l'autre aulx scindicz dud. Comenge, en datte du VIIIe d'aoust [mil] V^c^ soixante deux, portans advertissement des conspirations que les ennemys du Roy préthendent faire de surprendre les villes et lieux de lad. comté et aultres, et après avoir entendeu par le dire de Pontic, scindic du Tiers Estat, que l'on est après de recouvrer à Narbonne les armes de troys cens hommes pour estre distribué en lad. comté, suys d'avis et opinion que soit envoyé à chascuns chefz de chastelenyes dud. Comenge une coppie desd. deux lettres avec une missive à chascung, dud. Pontic, scindic, les priant chescung pour son regard avoir le cueur à ce que par lad. lettre missive, envoyée ausd. scindicz, est porté, et au surplus advertir lesd. chefz de chastellenyes, chescune d'icelles que envoyent une coppie de lad. lettre de la noblesse à chascung des gentilzhommes desd. chefz de chastellenye, afin que du contenu d'icelle ne préthendent ignorance.

Faict à Montagut, le XVe aoust mil V^c^ LXII. Et aussi suys d'avis que l'on envoye chercher lesd. arnoys pour estre distribué en lad. comté, à prix raisonnable, et pour les despens de bouche que conviendra faire pour aller chercher lesd. arnoys, soit baillé par le treshorier de Comenge, au messagier, vingt livres tournois, et ce faisant sera passé en ses comptes aud. treshorier.

Faict les an et jour susdits.

ODET DE BENQUE.

Cote : « Consentement faict par Monsr de Benque de bailler argent à M. de Mons affin de aller chercher l'arnoys de Narbonne ».

(Arch. de Muret. — États de Samatan, octob. 1562.)

9. — MISSIVE DU PARLEMENT DE TOULOUSE AUX ÉTATS DE COMMINGES.

Messieurs, par autres précédantes avez esté advertis de vous tenir prestz et en l'équipaige requis pour le service du Roy quant besoing seroict, or se présentant pour le jourd'huy l'occasion, nous avons bien volu escripre encores la présente à ce que icelle receue ne faictes faulte vous rendre la part où vous sera ordonné par Messieurs de Burye, de Monluc et de Terride, chevalliers de l'ordre du Roy, pour le service dud. s[gr] et soubz la charge et conduicte de celluy quy à ce sera ordonné et commis par lesd. s^rs. Et sur ce prions le benoist Créateur vous avoir et tenir en sa garde. Escript à Tholose, en Parlement, soubz le signet d'icelluy le dernier jour d'aoust 1562. Les gens tenans la court de Parlement pour le Roy à Tholose, vos bons amys : LAYSSAC.

Et sur le repli : à Messieurs, m^rs des Troys Estatz de Comenge, soubz leur cachet.

(Arch. de Muret. — *Actes et registres du pays [de Comminges] puis l'an 1562 jusques à l'an 1565*, fol. 5.)

10. — MISSIVE DE GEORGES GALABERT, GREFFIER DES ÉTATS, AUX CONSULS DE CASTILLON.

Messieurs, yer, XXIIe de ce moys, ay receu de Monsieur Pontic, scindic du Tiers Estat de ceste comté de Comenge, une lettre missive que les s^rs tenans la court de Parlement pour le Roy en Tholose ont dressée aux scindicz dud. pays pour vous en faire tenir coppie aux fins y contenues, ensemble d'autres que lesd. s^rs de la court ont dressées à la noblesse dud. comté, de laquelle vous plaira en envoyer coppie à chascun gentilhomme de votre consulat, et ayant advertis tous les villaiges de vostre chastellenie de la première, concernant la garde des villes et lieux, sera vostre plaisir les charger d'envoyer coppie à chacun des gentilshommes de leurs lieux et villaiges, à ce que n'en puissent prétendre ignorance.

Messieurs, je ferai fin à la présente avec prière au Créateur vous donner en sancté heureuse vie, après mes humbles recommandations à voz bonnes graces.

De la maison vostre, à Muret, ce XXIIIe d'aoust 1562.

Vostre humble serviteur, le greffier des Estatz de Comenge,

GALABERT.

A Messieurs, Messieurs les consulz de Castilhon. — A Castilhon.

(Arch. de Muret. — États de Samatan, octobre 1562.)

11. — MISSIVE DE F. DE COMMINGES AUX CONSULS DE CASTILLON.

Messieurs de Consulz,

Je vous envoye une coppie de lettre que Monsieur de Venque, scindic de la noblesse de Comenge, m'a envoyée, par laquelle verrés qu'il m'a commis à fère la monstre, ensemble à Monsr de

Bonrepaux, de vostre chastellenie, pour ce, vous prye voloir assembler les consulatz de vostre chastellenie à tel jour que adviserés pour faire lad. monstre, et incontinent me advertirés dud. jour, et je ne fauldré m'y trouver, ou led. s[r] de Bonrepaux, pour fère le devoyr de nostre charge suivant la commission. Le plus tost que fère le pourrés sera le meilheur. Et à tant je prieré nostre Seigneur vous tenir en sa garde.

De Belhesta, ce VIe juilhet 1562.

Vostre bon amy, DE COMENGE.

A Messieurs, Messieurs les consuls de Castilion.

(Pièce autographe. Arch. de Muret. — États de Samatan, octobre 1562.)

12. — REQUÊTE DES CONSULS DE CASTILLON.

A vous, Messieurs les gens tenantz les Estatz du païs et comté de Comenge.

Supplient humblement les consulz et scindic de la ville de Castillon que despuys la cédition quy fust faicte en Tholose, comme obéissans subiectz du Roy, tant par mandement desd. seigneurs de Parlement, seigneur de Benque, scindic de la noblesse, et du seigneur de Rocquefort, et aussy par mandement du païs, suyvant les missives [à] la présente attachées, auroient frayé plusieurs sommes lesquelles sont au rolle à la présente attachées, tellement qu'il a convenu faire plusieurs réparations à leur chasteau, achapter aarnoix commun aux despens d'eulx, ensemble païées plusieurs despences tant allant que en revenant la compaignie du seigneur de La Salle, cappitaine de Castillon, estant mandé par le seigneur évesque de Coserans, led. évesque commandé par lad. cour de Parlement, comme vous apparoistra par led. rolle.

Ce considéré vous plaise de voz grâces ordonner proceddet au faict de la taxe dud. rolle tout ainsi que procéderez aux aultres rolles et doléances du païs, et ferez bien.

SABATÉ, *consul.*

(Arch. de Muret. — États de Samatan, oct. 1562.)

13. — ROLE DES DÉPENSES CAUSÉES AUX CONSULS ET HABITANTS DE CASTILLON.

Rolle des fournitures que disent avoir faictes les consulz de la ville de Castillon, chef de chastellenie, aux assemblées qui ont esté faictes aud. Castillon en faisant les monstres pour la deffence du chasteau suyvant le mandement et lettres à eux envoyées tant de mandement du seigneur de Benque, scindic, et seigneur de Rocquefort, lesquelles sont au présent attachées, par devant vous redoubtez seigneurs les gens des troys Estatz du païs et comté de Comenge, aux fins que tauxe luy soict faite, dict ce que s'ensuict :

Premièrement fault noter que le temps que la cédition estoit à Tholose, au moys de may dernier passé, le révérend Père en Dieu, evesque de Couserans, reçeut ung mandement de nosseigneurs de Parlement, par lequel luy estoit enjoinct faire assembler tant de gens pour faire armes et leur secourir, que seroict en sa diocèse, tellement que led. sieur obéissant au Roy envoya à sa noblesse, consulz et aultres que sont dans sad. diocèse, et entre aultres au cappitaine de la ville de Castillon, lequel cappitaine incontinent assembla quatre vingtz soldatz, quarante arquebouziers, et aultres quarante arbalestriers, pour l'obéissance dud. s^r. et secours de lad. ville de Tholose, lesquelz fist céjourner en la ville de Castillon, ung soir tant seullement, auxquelz par lesd. consulz payarent deux souppée, à raison de quatre solz pour chascun, que monte seize livres, pour ce. . . . . xvi l.

Davantaige disent lesd. consulz que par mandement dud. s^r de Roquefort, suyvant une missive du sixiesme juillet 1562, leur convint faire assembler tous les gens de leur chastellenie en nombre de 600 personnes, tous en armes et bien équipez, prest à partir quand les affaires se présenteroient, de manière que lesd. consulz faulzit leur frayer tout le jour que la monstre se fist, où despendirent de leur bouche, à raison que dessus, la somme de cent vingt livres. Par cy. . . . . cxx l.

Item, pour ce que par aultre double de lettre signé par Galabert, greffier, lesd. consuls ont esté advertis que ung chascun des villes de lad. comté demeurât en sa garde et en armes, affin que les mauldietz céditieux [n'] ostassent lesdictes villes de l'obéissance et service du Roy, advertirent lesd. consuls villaige par villaige se tenir en bonne garde et prester tel secours à lad. ville que besoing seroit, dont les habitans dudict Castillon par leur endroit, à cause qu'estoient envyronés de ces meschans céditieux de la ville de Foys, Pamyès et Mas-d'Azilz, à cause que sont de la diocèze de

Couzerans, menacez desd. céditieux, despuis la réception de lad. lettre, qu'est du 8e jour du mois d'aout, ont faict centinelle et guet ordinaire tant à leur château que pour la ville, et y avoir mis 25 soldatz, ausquels ont frayé à raison de six livres pour moys, que revient pour moys six vingt livres, lesquelz soldatz ont paié despuys le jour que receurent la lettre du païs, jusques au dernier d'octobre, que sont deux mois entiers, montant en somme 240 liv. Pour cecy. . . . . IIc XL l.

Oultre disent lesd. consulz que lad. ville de Castillon n'estant pourveu d'aulcune arquebouze pour subvenir ausdictz affaires, par délibération de conseil fut résolu pour la deffense de lad. ville et subvenir aud. sr, achapter douze pièces d'arquebouzes demeurant en la maison commune pour ceulx là qu'en auroient besoing, et pour secourir aud. sr, desquelles ont payé à raison de dix livres pièce, que ce monte cent vingt livres. Pour ce. . . . . . . CXX l.

Et d'adventaige dient lesd. consulz que quand led. sr évesque de Couserans fut contremandé par les messieurs de Parlement en lad. ville de La Fite, s'en retourna aveeque sa compagnye où estoit led. sr de la Salle, cappitaine dud. Castillon, ayant aussy la charge de quatre-vingtz soldatz, lequel estant arrivé aud. Castillon luy fust baillé la dinée de ces dits soldatz, à raison de quatre solz pour homme, despendirent et payarent lesd. consulz montans seize livres. Pour ce. . . . . XVI l.

Disent lesd. consulz que estans advertis dudict sr evesque lequel leur fist remonstrances qu'il luy estoit recommandé par la Court du Parlement de tirer tous les céditieux et gens de la nouvelle religion de sa diocèze, ledict sr evesque s'en vint aud. Castillon où fist plusieurs remonstrances, et entre aultres qu'il estoit adverty que en lad. chastellenie de Castillon estoit venu ung Me Raymond Saugua, licencié ès-droictz et advocat en la Court présidiale de la ville de Chastel neuf d'Arry, lequel Socgua aveeq ung aultre sien compaignon, natif de Couserans, et demeurant en lad. ville de Castel neuf d'Arry, causant la cédition quy fust en lad. ville, ce rendirent fugitifs craignant estre prins des catholiques, tellement que s'en vindrent en la chastellenye dud. Castillon et chés le lieu de la vallée de Vellemalle, à une lieue dud. Castillon. Advertis de leur venue, lesd. consulz mendarent incontinent vingt cinq soldatz estre en armes pour aller prendre lesd. fuitifz, de sorte que les allarent trouver aud. Vallemalle, lesquelz estans advertis donnèrent à fuitte, mais lesdictz soldatz les poursuyvirent jusques aux limites de Couserans, où se retirarent, que fust cause que lesd. soldatz s'en retournarent: pour la despense desquelz et peine payèrent lesd. consulz la somme de douze livres, de laquelle en fauldra rabatre la somme de quatre livres pour les espées que leur furent prinses en la maison où estoient lesdits, et vendues à l'inquant public, à lad. somme, pour ce reste huict livres. . . VIII l.

(Arch. de Muret. — États de Samatan, oct. 1562.)

14. — Role des dépenses causées aux consuls d'Aurignac.

✝ 1562. — S'ensuybent les frais et fornytures feytes en ceste vylle de Aurignhac en l'an 1562, estans consulz Pyerre Saux, et Jehan Carsalade, et Jehan Mulatyer, et Jehan Vyllamur, par lequel an ont fyny leur administration de leur consulat le journ de la feste de toutz sainctz dernyer passé, et abem fornyt comme s'ensuyt, en nostre susdict an.

1562.

Premyèrement monsur le baron de Benqua avoit escryt que nous falhoit assembler toutz les consuls des vyllages de nostre castelanye, par troys foys, ce que abem feyt, et luy déclarer combyen de nombre de gens et de armes aboyent pour faire serbyse à nostre syre le Roy contre sula de la nobelle relygion, et pour ce fère avons payé aux messagyers la somme de 6 liv.

Item, le seinheur baron de Benqua est venu en nostre ville de Aurynhac à la feste de Pentecoste estant accompanhé de autres gentylhommes, et ce, pour prendre le nombre de gens et des armes que estoient en nostre ville et chastelanye pour faire service à nostre syre le Roy, suyvant sa commission du parlement de Tholoze, le susd. seigneur baron luy a pleu de prendre le soper, ensemble sa companhie, que ont despendeu de tout la somme de 8 liv.

Item, par le maudement dud. seinheur baron, comme ayant commission du parlement de Tholose, luy avons bailhés quatorze soldatz pour faire service à nostre syre le Roy, lesquelz soldatz ayant bon vouloyr de faire service aud. seinheur, mais n'estoient porvus de armes, le susd. baron de Benqua nous a feyt commendement de prendre des armes en nostre ville de ceux là que ne auroient, par ce ne avons prins huict arquaboses et six halabardes et deux espées, lesquelles armes se sont perdudes, ce que nous fault payer comme seront tauxées par vous mesmes.

Item, le 11 de juing le seinheur capytène Bardachyn est passé avec sa companhye, lequel y a demeuré une soyrée et une dygnée que ont despendu tant en pain que vyn, cher et foin et avoine pour ses chevaulx, la somme de 65 liv.

Item, la susd. companhye du seinheur Bardachyn tenant en logys cent maisons par so du serbyse, se que sera abysé par vous, messieurs.

Item, le setziesme jorn du mois de septembre 1562 est arribé le quapytène du Puy avecque sa bande de quatre centz hommes et plus en ceste vylle de Aurynhac pour fère la rebue et trye de ses soldatz, lequel y a demuré jusques au nubyesme jorn après midy, que a despendu comme s'ensuyt :

Premyèrement avons fornyt 20 cestyers blat.

Item, pour vyn pour lad. companhye du Puy ne avons fornyt 3 quartz de vyn roge à 16 esqutz le quarn, que monte en livres la somme de 64 liv. 16 s.

Item, abem fornyt ung quarn de vyn claret pour le quapytany et à d'autres gentylshommes que estoyent à sa companhya, lequel vyn claret nous a costé 27 liv.

Item, plus avons fornyt pour le susd. quapitène Puy pour ses soldatz, 4 captz de buf que coste chescun des buf 14 esqutz, en livres montant la somme de 75 liv. 12 s.

Item, avons fornyt pour led. quapitène Puy 10 motons, à 2 liv. 8 s. chascun, que montent la somme de 24 liv.

Item, pour 30 parelhs de polaylhe à 7 sols le parelh, tant ung que aultre, que montent la somme de 10 liv. 10 s.

Item, en lad. companhya du quapytène Puy il aboyt 20 chevalz ou plus que ont despendu tant du foen que de avoène, la somme de 20 liv.

Item, le susd. quapitène Puy tenant de logyses en maisons cent huytante un, plus per ce du service ce que sera avysé par vous, Messieurs.

Item, Monsieur de Roquafort, coronel de troys companhyes,

nous a escrypt comme appert par sa lettre missyve que falhet que ung de nous, consulz de ceste vylle de Aurinhac, alasmes avecque ung notère à Sainct-Bertrand et à Sainct-Gaudens, et ce, pour protester contre l'évesque pour la retardatyon de l'argent que leur est loutsé [alloué] par ce que les soldatz demeurent sur la comté, ce que avons feyt ensemble à Sainct-Gaudens, pour ce faire avons demeuré très jorns, que avons despandu 15 s. par homme, que monte 4 l. 10 s.

Item, per las dyetas du notère et les actes, avons payé, comme apert par cédule, la somme de 2 l. 15 s.

Le tout contyen vérité. — En foy de quoy nous sommes sygnés : de Carsalade, Jehan Villamur, J. Mulatyer.

***

Ce présent rolle a esté tauxé par MM. les depputés des Trois Estatz et modéré à la somme de cent livres tournois, pour ce : c liv.

Item, pour le voyatge de aller faire la protestation contre Monsieur de Comenge, cent soulz tourn., pour ce : v liv.

(Arch. de Muret. — États de Samatan, oct. 1562.)

15. — Requête des consuls de Goutevernisse.

A vous s^rs les gens des Troys Estatz du pays et comté de Comenge.

Supplient et remonstrent par manière de doléance les conseuls du lieu de Gotauvernisse, en la chastellenie de Sainct-Julien, que environ la feste de sainct Jehan-Baptiste dernièrement passée, 1562, une compaignie de gendarmes du seigneur evesque de Coserans passa aud. lieu où firent ung repoys de boire et manger où despendirent bien de boire et manger quarante livres tournois, oultre ce que de maulvoys soldats de lad. compaignie, lesquels ne cognoissent, auroient prins et asporté et desrobé de Pey Boé, en sa métarie, une juste et ung cart staing, et d'aultre Pey Boé une platelle et une escuelle staing, et de Bernard Valès quinze serviettes et deux chemises, et vingt chefs de gellines, par forsse, tout prins et asporté.

Plèze au pays y avoir esgard, et ils estre remborssés, veu que d'aultres sont remborsés de mesme faict, et en esgard que c'est le plus povre vilage de la comté, ferez bien.

LES CONSULZ DE GOTAUVERNISSE.

Réponse des États : « Quant au regard des larcins, renvoyé à leur juge ordinaire, et quant à la despense a esté taxée cinq livres. — A esté taxée le XVIIIe janvier 1562 ». [1563, n. s.]

(Arch. de Muret. — États de Samatan, octobre 1562.)

16. — REQUÊTE DE PIERRE REYNÈS, CONSUL DE MURET.

A vous, Messieurs, etc...

Supplie humblement Pierre Reynès, bachelier èz droictz, second consul de la ville de Muret, que estant en lad. ville le cappitaine Bardachin, seigneur de la Serre, avec sa compaignie, pour icelle refréchir, ainsi que pourtoit sa commission, se seroit led. suppliant, de consentement de ses compaignons consuls et de plusieurs des principaux habitans de lad. ville, transporté en la ville d'Agen, accompaigné d'ung des procureurs dud. capitaine Bardachin, pour obtenir des seigneurs de Burie et Monluc, chevaliers de l'Ordre du Roy, le département de lad. compaignie, laquelle ne demeura guère, après led. voiage faict, à se départir de lad. ville, soubdain après avoir veu le mandement desd. seigneurs, et led. voiage l'a faict aux propres coustz et despens du suppliant, pour le soulaigement du pays.

Ce considéré de vos grâces, vous plaise taxer le suppliant des voiage et fraiz par luy exposés, ainsi que verrés estre à faire par raison.

REYNÈS, *suppliant.*

Est tauxé XII liv.

(Arch. de Muret. — États de Samatan, oct. 1562.)

17. — REQUÊTE DES CONSULS ET HABITANTS DE SAINT-JEAN DE POUCHARRAMET.

A vous Messieurs, etc.

Supplient humblement les consulz, manantz et habitantz du lieu de Sainct-Jehan de Pocharamet disant que le mercredy dizanoviesme jour du mois de may dernier passé, aud. lieu de Sainct-Jehan de Pocharamet passa une compagnie de gendarmes de mons^r le baron de Benca que estoit le nombre de tres cens et davantatge, desquels y alotga una partie et despensèrent la soma de IIII livres tournois, ainsi que led. vilatge a remborcé aux ostes et autres ayant les lotgés, et despuis par led. s[r] de Benca s'en allèrent hoeit hommes dud. lieu à Muret, armés, pour fère les monstres, que despensèrent trois livres t., que tout est en soma dotze livres.

Ce considéré, vous plèra cotiser la susd. soma sur tout le comtat, pour et après led. vilatge en estre remborcé, ou bien le tézaurier ne [*en*] tenir compte sur les pars des tailhes, sy ferez bien.

Rieu.

(Arch. de Muret. — États de Samatan, oct. 1562.)

18. — Requête des consuls et habitants de Lavernose.

A *Messieurs des Trois Estatz, etc...*

Supplient humblement les consulz, manans et habitans du lieu de Vernoze qu'ilz sont grandement constitués en grosse pouvreté, et ce, tant à cause de la gresle et tempeste qui tomba aud. lieu le sixiesme jour d'aoust mil cinq cens cinquante cinq, tellement que emporta le vins, se rompit tout le cible des maisons. Plus, le XIe jour de may mil cinq cens soixante ung, de rechief tempesta aud. lieu tellement que emporta tous les grains et vendenge, et aussi la plus part des cibles des maisons. Davantaige, l'année présente ne ont reculhi grains, en telle sorte que meurent de faim, et que pys est, monsieur le capitaine Rocafort, monsieur le capitaine Sainct-Paul, monsieur le capitaine Tayan, mons[r] de Bazordan, mons[r] le baron de Benca, mons[r] de la Bastide ont allotgé aud. lieu, sy y ont faict une grosse despence comme appert par le rolle cy attaché.

Ce considéré, vous plaise secourir ausd. pouvres supplians d'estre rembourcés de lad. despence, offrant de secourir et ayder, pour leur quotité, aux villes et vilaiges qui souffriront despuis en semblable cas. Si ferés bien.

Monteti.

Vernoze : Taxé, LXXX liv.

(Arch. de Muret. — États de Samatan, oct. 1562.)

19. — Commission du cardinal d'Armagnac au capitaine Montesquieu.

George, cardinal d'Armaignac, lieutenant général du Roy en la ville et séneschaussée de Tholose, au capp^ne^ Montesquieu, salut.

Nous vous avons commis et depputé... par ces présentes, à faire levée de 100 soldatz ez lieux que voz adviserés plus à propos de nostre gouvernement, pour iceulx admener et conduire en ceste ville de Tholose pour le service du Roy. Sy mandons et commandons à tous les subiectz de sa Majesté de, en ce, ne vous donner aulcun destourbier, ny empêchement, ains toute faveur, logis et vivres, et ausd. soldatz en païant raisonablement selon le taux du Roy [ce] dont vous pourrés avoir besoing, et à ce ne fère faulte sur peine d'estre tenuz désobéissans et peu afectionnés de sad. Majesté.

Faict et donné à Thle, soubz noz seing, scel de noz armes, cy mis, le xxve de novembre 1562.

G. c^al^ d'Armaignac, *ainsi signé.*

(Arch. de Muret. — États de Muret. janvier 1563.)

20. — Requête des Consuls et Habitants de Frouzins.

A vous, Messieurs des Trois Estatz, etc.

Supplie humblement le scindic des consulz, manans et habitantz du lieu de Frozin que causant les séditions et guerres que règnent à présent et à cause de la malvetie des adversaires de la foy, il, ensemble tous lesd. habitantz dud. lieu, auroient souffert telle ruyne et destruction que pour respect de neuf compaignies sçavoir des cap^nes^ Roquefort, Saint-Paul, Polastron, Labastide, Dupuy, Montesquieu, Benque, Maureux, Monluc, tant à pied que à cheval, que sont esté lotgés despuis la sédition de Tholose sur lesd. habitans dud. lieu de Frozin, en vont au pain quérant la pluspart d'iceulx habitantz, et le tout ce peult veoir par les rolles et aultres actes y attachés. Ce considéré vous plaise de voz grâces ordonner que suyvant l'accord et arrest de vous, led. suppliant sera ramboreé des sommes de despence fornie par lesd. habitantz ausd. compaignies par le treshorier dud. pays, et que les sommes cochées et contenues ausd. rolles seront passées et desparties générallement... si ferés bien.

(Arch. de Muret. — États de Muret. janvier 1563.)

*
* *

Le 24 août 1562, la compagnie du capitaine Puy vint loger à Montadet. La même année passa au même lieu une compagnie de Bardachin. En 1562, les consuls de Montadet étaient : Bernard Coustaus, Pey Ducasse et Bernard Capdeville. Ils obtinrent 25 liv. d'indemnité. — Les habitants de Montberault se plaignirent, en 1562, de ce que dans leur village « seroient survenus certains soldatz et de la compagnie du s[r] de Coserans... ou illec ont faictes grand fraude et despence, singulièrement ès métayries jurisdictionnelles dud. lieu... esquelles auroient lesd. soldatz pilhé, prins et desrobé plusieurs meubles comme sont estaing et aultres choses à mangier. »

(Arch. de Muret. — États de Samatan, oct. 1562.)

VII.

1562. — Aout.

Requête de Jean d'Orbessan relative a la levée et a la conduite d'une compagnie de gens de pied pris en Gascogne.

A Messieurs de Parlement.

Supplie humblement Jehan d'Orbessan, s[r] deu Poy [Puy de Touges], gouverneur de Thol [Toul] en absence de Pierre de Goyrans, s[r] de Montagut, que en demandant congé pour venir visiter sa maison à laquelle n'auroit esté depuys sept ans ou huit ans, luy auroit esté enjoinct et donné commission par monsieur le connestable de Guyse de dresser et conduyre en diligence une compaignie de gens de pied gascons pour les urgens affaires du royaulme, laquelle auroit présentée au sénéchal de Tholose ou son lieutenant, affin d'avoir attache pour estre obéy en la séneschaussée... [Sur refus du sénéchal a lieu le recours au Parlement.]

« A la charge de ne faire sonner le tamborin à trois lieues de Tholose, n'entend empescher que par le séneschal ne soyt baillée attache au suppliant, à la charge aussi de l'employer quand cela sera requis, si est besoing, à l'extirpation des céditieulx de ce pays. — Fait à Tholose, le XXIXe août 1562. »

Barthélemy.

(Arch. de Muret. — États de Muret, janvier 1563.)

VIII.

1562. — SEPTEMBRE.

LA COMPAGNIE DU CAPITAINE DUPUY EN GARNISON A AURIGNAC ET A PUYMAURIN.

1. — GARNISON PLACÉE A AURIGNAC.

Messieurs de consulz de Aurinhac, je vous envoye ce pourteur avecques ma commission qui porte de fère une compagnie de troys cens hommes, lesquelz je délibère de dresser, pour le lieu le plus commode, en vostre ville de Aurinhac, vous offrant de vivre, suyvant la tache [taxe] à icelle, du sénéchal de Tholose, par ainsi serez cause que je ferai vivre mes soldatz que ne aurés occasion de vous mal contenter, comme gens de bien, espérant que aurés en recommandation le service du Roy.

Je me recommande bien affectueusement à vos bonnes grâces.

De Mont-d'Avesan, ce v^e^ de septembre.

Vostre serviteur, voysin et amy,

DUPUY.

Adresse : *Aux consulz de Aurinhac. — Aurinhac.*

*
* *

Le septieme jour du moys de septembre, l'an mil cinq cens soixante deux, envyron l'heure de midy, est arrivé en la présente ville d'Aurinhac le seigneur cappitaine Dupuy, avec ses gens et sa bande pour icelle dresser et fère la revue en lad. ville d'Aurignac, et y a demeuré jusques au mercredy après, neufviesme jour desd. moys et an susd., et jusques à semblable heure de midy dud. jour, en laquelle s'en est retorné, et sad. bande.

En foy de quoy s'est icy soubz signé.

Le IXe septembre 1562.

DUPUY.

(Arch. de Muret. — États de Muret. décembre 1562.)

2. — GARNISON PLACÉE A PUYMAURIN.

Messieurs les conseuls de Peymauryn, je pensés [envoyer] ma compagnie en vostre ville pour attendre quarante ou cinquante souldatz que me dèbent venyr truber, par ainsi si se présentent pour loger, je vous prye les recevoyr et les envoyer à Simorre où mad. compaignie logera et fera séjour pour deux jours.

Espérant que me ferés ce playsir, je me recommande à vostre bonne grâce, priant Dieu vous avoyr en la sienne.

De l'Isle en Dodon, ce XXIe septembre 1562.

Vostre bon amy obéissant, DUPUY.

Messieurs les conseulz de Poeymauryn.

(Arch. de Muret. — États de Muret. décembre 1562.)

IX.

1562. — SEPTEMBRE.

COMMISSIONS DE CHARLES DE COUCIS, Sr DE BURIE, POUR LEVER DES TROUPES EN COMMINGES ET LES TENIR EN GARNISON A SAMATAN ET AURIGNAC.

1. — COMMISSION ADRESSÉE A BLAISE DE MAULÉON, Sr DE LABASTIDE.

Charles de Coucis, seigneur de Burie, chevalier des Ordres du Roy et son lieutenant... au gouvernement de Guyenne en l'absence du roy de Navarre, à Blaise de Mauléon, escuyer, seigneur de Labastide, salut[1].

Pour ce qu'il est très requiz et nécessaire pour le service du Roy, repoux publicque, et pour résister aulx séditieux et rebelles, renforser promptement ceste armée d'une compaignie de gens de guerre à pied, et en bailler la charge et conduicte à certain bon et digne personnaige qui la puisse mectre sus et en estat de service, à plein confians de vos bon sens, vaillhance, souffizance, conduicte et bonne diligence en tel cas requize, nous vous avons donné et donnons par ces présentes la charge et conduicte de troys cens hommes de guerre à pied, lesquelz nous vous permectons aller lever et mectre sus au pays de Commenge, et icelle compaignie dresser en la ville de Samathan, aud. Commenge, des meilheurs soldatz, mieux armés et aguerris que vous pourrés recouvrer, afin de se employer au service du Roy aulx lieux et endroictz qui par

[1] Sur le rôle de Burie en Guyenne, de décembre 1561 à mars 1563, voy. Paul COURTEAULT, *Blaise de Monluc historien*, pp. 401 et suiv.

nous, ou le seigneur de Roquefort, vice collonnel, vous sera commandé.

Sy mandons aulx conseulz de lad. ville et aultres où vous aurés à passer, vous y recepvoir et administrer promptement les loutgis et vivres que vous seront nécessaires, ensemble à vostre dicte compaignie, sur peyne de rébellion et punition exemplaire...

Donné au camp de Montech, ce XVIIIe jour de septembre 1562.

De Coucis.

Par commandement de mond seigneur : de Rase, *ainsin signé*. — Coppié à son original collationné par moy : Grifolet.

(Arch. de Muret. — États de Samatan, octobre 1562.)

2. — Commission adressée a F. de Comminges, baron de Roquefort.

Charles de Coucis, seigneur de Burie, chevalier de l'Ordre du Roy, et son lieutenant général au gouvernement de Guienne à l'absence du roy de Navarre, à Françoys de Comenge, baron de Rocquefort, salut.

Pour ce qu'il est très requis et nécessaire pour le service du Roy, repoz publicque et privé, résister aulx séditieux et rebelles, renforcer promptement ceste armée d'une compaignie de 300 hommes de guerre de pied, et en bailher la charge et conduicte à certain bon et digne personnaige quy la puisse mectre sus et en estat de service, plein confians de voz bons sens, vailhance, souffisance et bonne conduicte et diligence en tel cas requise, nous vous avons donné et donnons par ces présentes la charge et conduicte de 300 hommes de guerre à pied, lesquelz nous vous permectons aller lever et mettre sus au pays de Comenge, et icelle compaignie dresser en la ville d'Aurignac, des meilheurs soldatz, mieulx armés et aguerris que vous pourrez recouvrer affin d'estre employés au service du Roy aulx lieux et endroictz que par nous ou le seigneur de Rocquefort, vice coronel, vous sera commandé, si ordonnons aulx conseuls des villes et aultres où vous aurés à passer ou séjorner, de vous y recepvoir et administrer promptement les logis et vivres que vous seront nécessaires, ensemble à vostre compaignie, sur peyne de rebellion et punition exemplaire, de ce faire vous donnons plein pouvoir et mandement spécial par ces présentes.

Donné au camp de Montech, ce XVIIIe jour de septembre 1562.

De Coucis, *ainsi signé.*

* * *

La compagnie de F. de Comminges a séjourné à Castillon, Saint-Mézard et Landorthe en 1562.

(Arch. de Muret. — États de Samatan, octobre 1562.)

X.

1562. — Octobre.

Commission de B. de Monluc au capitaine Corne pour tenir garnison a l'Isle-en-Dodon.

Blaise de Monluc... au capitaine Courne, salut.

Comme pour les grandes assemblées que ceulx de la nouvelle religion font journellement et leurs dampnables conspirations sur l'auctorité du Roy, de s'emparer de ses villes et places fortes, nous soit grandement nécessaire assembler le plus de forces que nous pourrons, à cause de quoy vous avons permis et permettons, par ces présentes, que vous assemblez et prenez, ès lieux où les pourrez treuver, le nombre de six cens hommes arquebousiers, et iceux tenez et retirez soubz l'obéissance du Roy, en la ville de l'Isle-en-Dodon et Puiquasqué, pour estre pretz la part ou serez mandé avec vosd. gens pour le service de sa Majesté, et maintenant vous permettons courir sus à ceux de lad. nouvelle religion que trouverez en trouppes et en armes, et pour ce faire, faictes sonner le bat sang ès environs des lieux où ilz seront, et assemblez tant d'aultres que pourrez, et leur courez sus, les mettez et taillez en pièces, etc... Donné à Agen, le VIIe jour d'octobre 1562. — B. de Monluc, *ainsi signé*, et au dessoubz est escript : Par mond. s[r] : Boéry, *ainsi signé.*

(Arch. de Muret. — États de Muret, décembre 1562.)

XI.

1562. — Octobre.

Commission de B. de Monluc au capitaine Lussan[1], pour tenir garnison a Rieumes et Lombez.

Blaise de Monluc... au capitaine Lussan, capitaine de la légion de Guienne, salut.

Sçavoir vous faisons que pour l'eslévation que ceux de la nouvelle religion ont faict en armes par tout le royaume de France, se saisissant des villes et forteresses, entreprenant sur l'auctorité du Roy, et mesmement ayant machiné et conspiré contre sa propre personne, est besoing et nécesaire y remédier le plus promptement que sera possible afin de rompre leurs desseins et entreprinses, à ceste cause nous vous mandons et commandons par ces présentes, incontinant et sans délay, vous transporter aux lieux de Lombès et Rieumes pour illec fère battre le tambourin, fère lever et assembler de vostre compaignie les légionnaires afin de vous acheminer après la part où serez par nous mandé pour le service de sa Majesté, etc... Donné à Agen, le VIIIe jour d'octobre 1562. — B. de Monluc : Par mond. s^{r} Boéry...

*
* *

Étant à Agen le 16 décembre 1562, Blaise de Monluc donna commission au capitaine Saint-Martin pour ravitailler la compagnie du capitaine Monluc.

(Arch. de Muret. — États de Muret. décembre 1562.)

XII.

1562. — 14 Novembre.

Opposition des Commingeois a l'établissement des gens de guerre.

On peut lire dans la première partie des *Huguenots en Comminges* (p. 2) une commission datée d'Agen, 8 octobre 1562, adressée par Blaise de Monluc à Mathieu de Grammont, pour répartir les logements

[1] Jean-Paul d'Esparbès, s^{r} de Lussan.

des gens de guerre en Comminges. L'exécution de la volonté de Monluc rencontra de l'opposition chez les Commingeois, qui pouvaient se prétendre exempts de cette obligation onéreuse avec laquelle, hélas ! ils ne durent que trop se familiariser plus tard.

Soict notoire à tous présens et advenir que ce jourd'hui 14e novembre l'an de grâce 1562, dans la maison commune de la ville de Samathan... en présence de moy notaire royal... c'est présenté noble Mathieu de Gramont, seigneur de la Rocque, commissaire depputé par le sgr de Monluc... pour fère le département de l'assiette des lotgis et vivres d'une partie de la compaignie du roy de Navarre en lad. comté et pays dud. Commenge, lequel dressant ses paroles vers mre noble Bernard de Savère, bachelier ez droictz, premier consul dud. Samathan, me Dominicque Pontic, notaire royal et scindic du Tiers Estat dud. pays et comté dud. Commenge, Jehan Cotray, bourgeois et scindic dud. Samathan, illec présens, leur a dict et remonstré comment dès hier avoit aud. de Savère, consul, montrée sad. commission dud. sgr de Monluc pour faire led. département, les requérant y vouloir obéyr suyvant la teneur de lad. commission, et lesquels de Savère, Pontic et Cotray pour leur responce ont monstré et exhibé aud. sr de La Rocque unes lettres de exemption de toutes garnisons et lotgis de gens de guerre, tant de cheval que de pied, ensemble de toutes contributions de fournitures de vivres obteneues par les habitans de lad. comté de Commenge de Mgr de Burie, chevalier de l'Ordre dud. sr, lieutenant général de sa majesté au gouvernement de Guyenne en l'absence du roy de Navarre, pour les causes et raisons y contenues, en datte du 18e de septembre 1562, par luy signées et scellées; ensemble aultres lettres de confirmation de lad. exemption du révérendissime cardinal d'Armaignac, lieutenant général du Roy en la ville et seneschaussée de Tholose, en datte du 16e octobre, an susdit [1], par luy signées et scellées du

[1] Cette exemption fut renouvelée par le cardinal d'Armagnac, à la demande des Commingeois et après entente avec Monluc :

« Commissère, les habitans du pays de Comenge m'ont faict venir remonstrer par leur scindic que non obstant l'exemption de longis et passaige de la gendarmerie a eulx octroyée par m. de Burie et confirmée par moy, vous y volés longer et metre en garnyson une partie de la compaignie du roy de Navarre en vertu de certaine commission de m. de Monluc, laquelle ne y peult aveoir sans ma scel de ses armes, le tout ensemble attaché, requérant led. s^gr de La Rocque leur faire déclaration s'il entend y contrevenir, lequel s^gr de La Rocque... leur a respondu qu'il n'estoit que commissaire, suyvant sad. commission, pour faire led. département et assiette des lotgis et vivres de lad. compaignie, et de ce que lesd. consulz et scindicz ne vouloient obéyr prenoit leur dire pour reffus. — Protestation réciproque des consuls.

Pierre BEDANE, *not. royal.*

(Archiv. de Muret. — États de Muret, décembre 1562.)

XIII.

1563. — AVRIL.

COMMISSION ET LETTRES DE B. DE MONLUC ET DU CAPITAINE ARNÉ[1] POUR ÉTABLIR UNE GARNISON A SAMATAN.

1. — COMMISSION DE MONLUC.

Blaise de Monluc... aux consuls de Samatan, salut.

Comme pour obvier les coursses que les séditieux et ennemys dudict Seigneur [roy] font ez environs de vostre ville, soiet besoing et nécessaire pour le service du Roy envoyer en icelle la compaignie du feu Roy de Navarre pour y tenir garnison pour quelques jours, nous, à ces causes, vous mandons et néanmoings ordonnons que vous ayés à recepvoir icelle compaignie de gens de guerre que nous envoyons en vostre dicte ville ausd. fins, laquelle vous logerez

permission en mon gouvernement, auquel est led. pays de Commenge, et mesmes que despuis la datte de vostre dite commission entre led. s^r de Monluc et moy avons résolu d'envoyer ailheurs lad. compaignie pour le service du roy, qu'est cause que je vous ay bien volu escripre ce mot pour vous en advertir, vous défandant très expressément de ne contravenir à la teneur de lad. exemption de louger lad. compaignie aud. pays de Comenge, sur peine de désoubéyssance et de nous en prendre sur vous. Et pour ce que je me fie que n'y toucherés en faison quelconque et que fairés jouyr lesd. habitans de ma dicte exemption, je ne vous en diray rien davantaige ; mais prieray Dieu qu'il vous ayt en sa saincte garde.

« De Tholose, le XVIe de novembre 1562. — Vostre bon amy : Le cardinal D'ARMANHAC. — *Au commissère depputé par m. de Monluc à lougier la compaignie du roy de Navarre, nommé Mathieu Gramont.* » — (Corresp. des États. Copie.)

[1] François de Devèze, s^r d'Arné.

et leur baillerez et administrerez tous et chascuns les vivres que leur seront nécessaires, tant pour eulx que pour leurs chevaulx, lad. despence faicte vous sera par nous baillé telles aides pour le paiement d'icelle que verrons estre affaire. Et à ce ne faictes faulte, d'aultant que craignez à nous désobéyr.

Donné à Bourdeaulx, soubz notre seing et seel de nos armes, le onziesme jour du moys d'avril 1563.

De Monluc.

Par commandement de mond. s^r : La Place, ainsi signé.

Je vous prie fère [dire] à Genson ainsi que tous nos compaignons soient advertis, ceulx que Gensson cognoistra que ne sont advertis. Il fault que je soys encore en ce lieu pour quatre ou cinq jours. Le plus tost qu'il me sera possible je ne feray faulte vous aller treuver; mais que l'artillerie s'en soict allée.

Et au repli : *A mons^r, mons^r de La Cassaigne*[1], *homme d'armes de la compaignie du feu Roy de Navarre.*

Extraict de son original : Bedane, *not. royal.*

(Arch. de Muret. — Correspondance des États.)

2. — Commission du capitaine Arné.

Gensson ferés [porter] la commission de monsieur de Monluc à monsieur de La Cassaigne pour faire nos monstres à Samathan, vous y en irez avec luy et adviserez, pour accommoder la compaignie, les lieux circonvoisins comme sont Lisle-en-Dodon, Lombès et autres que trouverez estre plus duysables. Je escriptz au trésorier qu'il ne paye personne que je n'y soys. Si vous le voyez, luy pourrez dire comment faut que je soye rambourcé des voiages que j'ay fornys pour la compaignie. Advertissez à tous ceulx de la compaignie se treuver aud. Samathan. Faites faire monissions d'avoynes et foins, que treuvions vivres quand nous y serons, et aussi à mons^r de Fleurdelys[2] qu'il ne face la monstre à aucun que je n'y soys, qu'est l'endroict me recommandant de bon cueur à vous.

De Négrepelisse, ce XXIIe avril.

Vostre entier amy, Arné.

[1] Jean de Vezin, s^r de La Cassaigne.

[2] Jean de Fleurdelys.

Faictes en sorte que j'aye les couppes et vaisselle et [pour] les me fère asporter faictes tenir une borique. Je escriptz à Monsr de Rochemaurel. Donnez-vous de garde que personne ne toche aux metairies de Monsr de Lamezan que sont auprès de Samathan.

Et au repli : *A Monsr de Gensson, fourrier de la compaignie du feu Roy de Navarre.*

Extraict faict de son original par moy, BEDANE, *not. royal.*

Cote : Coppie de commission et aultres lettres de Monsr de Monluc pour lotger la compaignie du Roy de Navarre en Commenge, du XIe d'apvril 1563.

(Arch. de Muret. — Correspondance des États.)

3. — LETTRE DU CAPITAINE ARNÉ A M. DE LA CASSAIGNE.

Monsieur de La Cassaigne, j'ay receu voz lettres. Je vous envoye la commission de Monsieur de Monluc avec laquelle vous prie vous en aller droict à Samathan [avec Gen]son qui s'en ira de vous [*vos*] pars faire apprester les lotgis et dresser monissions de avoynes, foins et aultres vivres nécessaires, ensemble aux lieux circonvoisins comme sont Lisle-en-Dodon, Lombès et aultres lieux que verrés estre nécessaires pour faire acommoder la compaignie. Si Monsr le commissaire Fleur de Lys y estoit, le pourryès prier de ma part y vouloir entendre tant pour le taux des vivres que aussi qu'il ne fasse monstre à aulcun que je n'y sois. Je luy escrips aussi. Je feray fin en présentant mes affectueuses recommandations à voz bonnes grâces, priant Dieu, Monsieur de La Cassaigne, vous donner tout le bien que désirez.

De Nègrepelisse, ce XXIIe avril 1563.

Vostre entièrement bon compaignon et amy à vous obéyr,

ARNÉ.

(Arch. de Muret. — Correspondance des États.)

XIV.

1564. — 21 Janvier.

Attestation en faveur des consuls de Fontenilhes, exécuteurs d'un ordre de Monluc.

A tous ceulx que les présentes verront, salut.

Sçavoir faisons et par ces présentes attestons comment aujourd'hui, xxie jour du moys de janvier, au soubs escript, Guillaume Huguon, Jehan Versabyn et Bertrand Deuprat, consulz du lieu de Fontanilhes, suyvant la puissance à eulx donnée par auctorité de mons^r de Moulue, lieutenant par le Roy à la duché de Guyenne, ont faicte la reserche par toutz les manans et habitans dud. lieu pour treuver sibade, foin et pailhe oultre leur pourbesion, pour secorir à la ville de Tholose, pour entretenir les chevaulx de la suyte du Roy, et avoir eu de serment toutz les habitans avoir [ayant] biens aud. lieu, sur les quatre Sainctz Évangilles de Dieu de leurs mains droictes atochés, s'ilz ont aucune pourbesion de sibades, foin et pailhes, dont ilz ne n'ont poinct trouvé en aucune manière que ce soyt, synon pouvreté esd. meteries, ayant leur bestial mort de faim, que ne peuvent recouvrer de vivres car fault que demeurent pour les boys et [aillent] chercher leurs nécessités, et de tout ce dessus me ont demandé acte, le xxie de janvier 1564.

De Podio.

(Arch. de Muret. — États de Muret, déc. 1564.)

XV.

1567. — De juillet a octobre.

B. de Monluc et le Comminges en 1567.

Blaise de Monluc est intervenu à diverses reprises dans les affaires du pays de Comminges au cours de l'année précitée. Les pièces inédites que nous sommes à même de produire aujourd'hui démontrent la régularité de cette intervention :

1. — Saint-Germain-en-Laye, 7 juillet 1567.

Lettres patentes donnant commission à Blaise de Monluc

d'assembler en particulier chacun des États de la généralité de Guyenne, et par conséquent le Comminges qui en faisait partie, afin d'élire des députés aux États généraux de cette province. Ceux-ci seront chargés de donner un avis au roi touchant un mode d'administration des finances à établir en Guyenne.

(Arch. de Muret. — États de Guyenne, *ad ann.*)

2. — AGEN, 10 AOUT 1567.

Lettre de Monluc aux États de Comminges pour leur signifier la volonté du roi.

Messieurs, vous verrez par le *vidimus* des lettres pattentes et articles que vous envoye quelle est l'intention du Roy sur la direction de ses finances et extinction du subside mis sur les paroisses. Par quoy vous ne fauldrez vous assembler et adviser ce qu'y avez à faire, et depputerez ung ou deux d'entre vous garny de pouvoir suffisant pour estre à l'assemblée générale qui se tiendra en la présente ville d'Agen le ve jour du mois de septembre prochain, et avec la plus grande et saine partie conclure et arrester ce qui sera requis tant sur ces deux affaires que aultres qui seront proposez en lad. assemblée pour le service de sa Majesté et soulaigement de son peuple, et baillerez au porteur de ces présentes acte et certiffication de la réception d'icelles.

Et à tout je prieray Dieu, Messieurs, vous donner bonne vie et longue.

D'Agen, ce x[e] jour de août 1567.

Vostre bon amy, DE MONLUC.

A messieurs des Estatz de la séneschaussée de Comenge et scindicz dud. pays[1].

(Arch. de Muret. — Correspondance des États.)

3. — AGEN, 7 SEPTEMBRE 1567.

Requête contradictoire adressée à B. de Monluc par le sindic de Comminges d'une part, et par les sindics de Saint-Girons, Saint-Lizier, Lescure, etc., d'autre part. Le premier assure que le Couserans est « aide » de Comminges pour toutes impositions et

[1] Lettre visée dans la délibération des États du 25 août 1567 : « Missive du « s[r] de Monluc, escripte et envoyée aux gens tenans lesd. Estatz, du dixiesme « de cedit moys d'août 1567 ». — (Arch. de Muret, *loc. cit.*)

que, par suite, il doit contribuer au paiement des garnisons du Comminges. Les seconds assurent que leur pays forme recette distincte et n'a pas à participer aux charges d'un autre pays. Sur ce, le sept septembre 1567, appointement de B. de Monluc renvoyant les parties devant les États généraux du Pays de Comminges.

(Arch. de Muret. — Correspondance des États. *ad. ann.*)

4. — Agen, octobre 1567.

Diverses commissions de Monluc.

Le 3 octobre 1567, commission de Monluc au s^r de Bazordan, lieutenant de la compagnie de M. de Martigues pour asseoir temporairement ladite compagnie à Saint-Laurent et Montbernard.

Même jour. — Commission au capitaine Estansan lui donnant charge de deux compagnies d'arquebusiers de 250 hommes chacune, pour les mener à Toulouse.

5 octobre. — Commission à Bardachin pour lever dix arquebusiers à cheval, à Mauléon et Galan.

6 octobre. — Commission à Estansan pour lever 600 arquebusiers dans la baronie de Labarthe, en Comminges et en Astarac.

Aux États, tenus à Muret le 7 décembre 1567, allusion est faite à « une vingtène de coppies tant de la lettre missive envoyée par le roy au s^r de Monluc que d'aultre lettre envoyée par led. s^r de Monluc à mons^r le président à Tholose ». C'est Bellegarde qui a mandé à Bernard Villa, consul de Muret, de faire exécuter ces copies en octobre 1567.

Le 8 octobre, Monluc étant à Agen adresse au capitaine Castelnau la commission suivante : « Sçavoir vous faisons que pour l'eslévation en armes que ceulx de la nouvelle religion ont faicte par tout le royaulme de France, se saysissans des villes et forteresses, entreprenant sur l'aucthorité du Roy, et mesmement ayant machiné et conspiré contre sa propre personne, est besoing et nécessaire qu'il [soit] remédié promptement affin de rompre leurs dessainctz et entreprinses. A ceste cause... vous mandons et commandons... vous transporter aux lieux de Cazères-[*sur-Garonne*] et le Housseret [*le Fousseret*], pour illec dresser et faire levée de cent harquebousiers à cheval et avec iceulx nous venir trouver la part où nous serons, etc. »

(Arch. de Muret. — États de Muret, décembre 1567.)

XVI.

1567. — Octobre.

Les troubles de 1567 et le Comminges.

Ces « seconds troubles » eurent leur répercussion en Comminges. Dans un *Rolle des frais que les consolatz de la ville et vallée de Lusson* [*Luchon*] ont supportés pour les compagnies, en 1567, on lit : « Et pour ce que le cry, ces jours, seroit venu que les ennemys du Roy, gens de la nobelle religion se volloyent saizir des montaignes, a fallu que les habitans dud. Baignères-[de-Luchon] avecques leurs circonvoisins se soyent mys en armes pour la deffence du pays, ont despandu la somme de XX liv. tourn. ». Le Parlement ordonna des levées de troupes destinées à venir au secours de Toulouse. Le 4 octobre il enjoignit au s^r de Castelnau-Durban d' « assembler en la ville de Rieux-Volvestre le nombre de 200 soldatz pour iceulx conduire et admener en ceste ville de Tholose, pour la deffence d'icelle ». Le lendemain un arrêt semblable ordonnait à Jean de Guilhot, s^r de La Borjasse, gentilhomme de la Maison du Roi, de lever trois cents hommes et de les conduire à Toulouse. Ces compagnies passèrent à Fronzins[1]. Nous donnons deux autres documents du même genre, publiés alors en Comminges comme dans le reste du ressort de la suprême Cour.

1. — Arrêt du 1er octobre 1567.

La cour, attendu les notoires rebellions, séditions et invasions faictes et pertinacement continuées ez villes du ressort par plusieurs de la nouvelle prétendue religion en forme d'hostilité, à main armée, contre le debvoir et fidelle subjection dene à sa Majesté, et eu égard aux réquisitions sur ce faictes par le procureur général, a ordonné et ordonne qu'il sera despeché lettres de commission portans licence, faculté et permission à tous consulz et communaultez s'assembler en tel nombre et troupe que faire se pourra, à son de cloche si besoin est, se garnir de toutes armes pour défendre les villes et résister à telle qualité de gens qui font

[1] Arch. de Muret. — États de Muret, décembre 1567.

lesd. invasions et assemblées, saillir et courir sur eux, les rompre et autrement se porter contre eux comme infracteurs et perturbateurs de la paix et repos publique, rebelles et crimineux de lèze Majesté selon les édictz publiés contre telle manière de gens. Enjoignant à tous magistrats et officiers du ressort informer diligemment contre lesd. rebelles et séditieux, et advertir lad. cour dans huictaine du debvoir qu'ilz auront en ce faict, à peine de s'en prendre sur eux comme contempteurs des édicts et ordonnances du roy, et autre arbitraire.

Prononcé à Tolose, en parlement, le 1er jour du moys d'octobre l'an 1567.

Du Tornoer.

[Placard imprimé] à Tolose par Iaques Colomiés, imprimeur juré de l'Université. — 1567.

2. — Arrêt du 11 octobre 1567.

La cour, veue la requeste faicte par le procureur général et attendu la notoriété des revellions et invasions continuées par plusieurs desvoyés de la saincte foy catholicque et de la subiection fidelle deue au Roy, nostre souverain seigneur, eslevés en armes en forme d'ostilité, commettans plusieurs masacremens, pilleries, et veu les inquisitions sur ce faictes, a dit et déclairé, dit et déclaire tous ceulx qui se trouveront avoir prins les armes contre le Roy et commis les dessusditz crimes, leurs adhérans et complisses, ensemble ceulx qui auront consenti et favori à leursd. entreprinses tant d'advis, conseil, ayde, par armes que subvention de vivres, munitions, argent, ou autrement, estre crimineulx de lèze Maiesté, ennemys du Roy, emeulx du repos et estat de son royaulme, et a faict icelle court inhibition et défance sur mesmes peynes à toutes personnes de quelque qualité ou condition que soient les receller, recapter, porter ou envoyer vivres, argent, armes ou autres choses quelconques ez villes et lieux dont lesd. revelles se sont emparés et saysis, défaut aussy faire de privée authorité levée de gens en armes, et à tous gentilshommes et autres prendre et accepter telles charges sur semblable peine.

Ordonne en oultre que tous ceulx qui seront trouvés faire lesd. assemblées ou seront trouvés sacager les églises, maisons, et que suyvront ceulx qui commettront lesd. crimes soient tenus pour deffiés et comme telz seront deffaictz, taillés et mis en pièces, permettant à tous consulz et communaultés soy assembler à son de toquesin, si besoing est, leur courir sus et résister à telle qualité de gens, enjoignant à tous magistratz du ressort procéder à la réale saysie de leurs biens, tant meubles que immeubles, et du debvoir qu'ilz en auront faict en certiffier la cour dans le moys, sur peine de privation de leurs estatz, et à tous seneschaulx du ressort faire lire et publier à son de trompe et cry public le contenu au présent arrest par toutes les villes et lieux de leurs séneschaucées que besoing sera.

Prononcé à Tholose, en Parlement, le XIe jour du moys d'octobre 1567.

(Arch. de Muret. — États de Muret. décembre 1567.)

XVII.

1567. — Octobre-Décembre.

Garde de la ville de Muret.

1. — Arrêt du parlement de Toulouse relatif a la garnison de Muret.

La cour pour la nécessité que se présente mande aux consuls de Muret et aultres lieux dépendans de la chastèlenye de lad. ville, qu'ilz, incontinent et sans délay, portent vivres nécessaires en icelle pour l'entretènement de la gendarmerie estant en lad. ville soubz la charge du s[r] de Bellegarde, chevalier de l'ordre du Roy.

Faict à Tholose, en Parlement, le 6e d'octobre 1567.

Du Tornoer, *ainsin signé.*

Cote : Mandement de la cour de parlement de Tholose pour faire contribuer vivres pour les gendarmes lougés à Muret. — 1567.

(Arch. de Muret. — États de Muret, décembre 1567.)

2. — Lettre de P. de Bellegarde aux sindics de Comminges pour l'entretien de la compagnie de Mascaron a Muret.

Messieurs, les urgens et pressés affaires que le Roy a en son royaulme, comme verrés par la coppie de la lettre envoyée à mons[r] de Monluc, et pour conserver la garde de sa Maiesté, me contraignent, pour le debvoir de ma charge et gouvernement que j'ay en ce pays, vous escripre la présente pour l'entretènement de la compaignie que j'ay commise en ceste ville de Muret, et vous prier qu'il vous plaise signer le mandement que ce porteur vous baillera, n'ayant trouvé plus expédiant moyen, ny moings onéreux, que de prendre sur tout le pays, par les mains du trésorier, la somme de... qui sera pour la solde d'ung moys, à la charge que led. trésorier, aux prochains Estatz, sera content du principal et intérest, que sera l'endroict, messieurs, où je me recommande de bien bon cœur à voz bonnes grâces.

De Muret, ce x^e octobre 1567.

Vostre bon amy, [P. de Bellegarde.]

A Messieurs, Messieurs de Saman, archidiacre de Lombès, sindic de l'Esglise; de Benca, scindic de la noblesse, et Pontic, scindic du tiers-estat des Estatz de Commenge.

Cote : « Minute de la lettre envoyée aux troys scindicz de Comenge par le s^r de Bellegarde, pour l'entretènement de la compaignie du cap^ne Mascaron, du xe octobre 1567 ». — *(Écrit par G. Galabert.)*

(Arch. de Muret. — États de Muret, déc. 1567.)

3. — Lettre des syndics de Comminges au trésorier du pays, pour le paiement de la compagnie du capitaine Mascaron.

Monsieur le trésorier, après avoir veu la lettre que le seigneur de Bellegarde, chevalier de l'ordre du Roy et son gouverneur en ce pays de Comenge, nous a envoyée concernant le service de Sa Majesté, et pour ce que la nécessité est grande et notoyre, regardant l'honneur de Dieu et majesté dud. sieur, avons trouvé estre raisonable que au nom du pays advancés ou baillés mandement à Me Pierre Terrery, collecteur de la ville de Muret, fournir ce qu'il en aura sur ce dernier et prochain quartier, et prendre des consulatz de la chestèlenie dud. Muret et aultres jusques à la somme de 2000 liv. que sera pour l'entretènement de la compagnie que ledit s^r gouverneur a commise aud. Muret, par ung moys, laquelle somme vous sera allouée aux comptes que rendrés aux prochens

Estatz, et en serés remborcé avec les intérés. Pour asseurance de quoy avons signée la présente, ce XI octobre 1567.

P. DE LANCRAU, *E. de Lombés*; J. DE SAMAN, *sindic pour l'Église*; DE PONTIC, *sindic du tiers état*; A. MANHÉ, *sindic pour les villages*.

De mandement dud. s[r] gouverneur : ODET DE BENQUE.

(Arch. de Muret. — États de Muret, déc. 1567.)

4. — REQUÊTE DU CAPITAINE MASCARON AUX ÉTATS.

A vous, Messieurs, tenans les Estatz de Comenge.

Supplie humblement Jehan de Mascaron, capitaine, seigneur de Vilate, la Masquère et autres lieux, que au moyen des troubles présens et pour la tuition du roy, nostre prince et souverain seigneur, commission luy auroit esté dressée pour fère la compaignie de 200 h. laquelle avec gros frays il auroit faicte à Sainct-Sulpice Lezadois, pour marcher la part que par led. s[r] ou ses lieutenants en la cour luy seroit commandé, et ayant eu mandement de marcher vers Montpellier, tant par le seigneur de Bellegarde, gouverneur de Comenge en absence du s[gr] de Monluc, lieutenant général du Roy en la duché de Guyenne, que par m[r] le premier président de Tholose, luy auroit esté commandé se rendre en la présente ville de Muret pour la tuition et défence d'icelle, pour les occasions que lors se présentoyent, ce que il auroit faict, et faicte continuelle résidence six sepmaines, ou environ, lougé sur sa propre maison, où il auroit despendu beaucoup du sien, tant pour dresser lad. compagnie, que despence de bouche en sad. maison, montant 500 liv. ou environ ; tellement que il se seroit ruiné, jaçoit que la somme de 1.600 liv. luy ait esté baillée pour une monstre, et bien que deux luy en feussent deues, laquelle somme il a baillée à ses soldatz en payement de leurs gaiges, suyvant le taux de Tholose que est 18 liv. pour sergeant, 15 liv. pour caporal, 15 liv. pour lance espeisade, 6 liv. pour arquebouzier, 8 testons pour long boys, en laquelle compaignie il avoit 2 sergeans, 6 caporalz, 8 lances espassades, le forrier, tamborin et fiffre, ayant semblables gaiges, et ces gaiges auroyent esté confondus entièrement, oultre et part sad. despence que luy est gros intérest, veu mesmement que ayant marché alieurs, sa compaignie eust esté retenue et ses monstres payées.

Ce considéré, vous plaise ordonner, attendu que c'estoit pour l'assurance de toute la comté de Commenge, que il sera remborcé de sesd. frais et despence, au moings de une plus grande partie telle que vous plaira adviser, pour ne luy donner occasion se retirer allieurs, et fairés bien.

J. DE MASCARON.

Veu la quitance faicte par le suppliant pour l'entretènement et paye de sa companhie, entretenue en la ville de Muret, les messieurs tenans les Estatz ont ordonné que ne sera rien bailhé aud. suppliant.— Faict en l'assemblée, le xxe de décembre 1567.

5. — VISITE ET PAIEMENT DE LA GARNISON DE MURET.

Odet de Benque, chevalier, sieur et baron de Benque et aultres lieux, commissaire député par le s[r] baron de Bellegarde, chevalier de l'ordre du Roy nostre sire et son gouverneur en la ville de Tholose, Comenge, Astarac et Bigorre en l'absence du s[r] de Monluc... à tous ceulx qui ces présentes lettres verront, salut.

Sçavoir faisons et attestons que le XXI jour du moys de novembre, au soubz escript, en la ville de Muret, procédant par nous au faict de nostre commission, après avoir faict prester le serment acostumé à noble Jehan Mascaron, s[r] de Vilate et de la Masquère, capitaine, de ne faire faulce monstre, et ayant trouvé sa compaignie de 200 hommes en bon équipaige, presque tous arcabousiers et aptes à faire service au Roy, aurions faict délivrer aud. capitaine... la somme de 1600 liv. t. pour la solde et payement de sad. compaignie pour ung moys, suyvant l'arrest de la cour de parlement de Tholose...

(Arch. de Muret. — États de Muret, décembre 1567.)

6. — REQUÊTE DE JEAN TRENQUE AUX ÉTATS.

A Nosseigneurs tenants les Estatz, etc.

Supplie humblement sire Jehan Trenque, merchant de la présente ville de Muret, que suyvant le conseilh [tenu] en la présente ville, le suppliant par icelluy auroit esté commis avec le scindic du Tiers Estat du pays de aller trouver le seigneur de

Bellegarde là où il seroit pour le payement des soldatz de la compaignie du capp^ne^ Masquaron, et avoir commission pour constraindre le tréshorier du pays de bailher 2.000 liv. pour lesd. soldatz et aultres affaires, si que le suppliant seroit parti de la présente ville avec le scindic, à cheval, et ne le trouvarent au lieu de Bellegarde pour ce que feust parti, et les faucit aller à Gymont où le trouvarent, qui demeurarent quatre jours à leurs despens, avec leurs chevaulx.

Ce considéré vous plaise de vos bénignes grâces de faire au suppliant payement de ses diettes, et vacations, et despens faictz, montant la somme de 15 liv., et fairés bien.

J. DE TRENQUE.

Est ordonné au suppliant 6 liv. — Faict aux Estatz le xxe décembre 1567.

(Arch. de Muret. — États de Muret, décembre 1567.)

***

Du *Rôle de la dépense* faite chez Jean Cescau, habitant de Muret, par le capitaine Mascaron, il résulte que celui-ci avait pris : 3 barriques de vin clairet, du poisson « pour les jours mègres », pain, fromage, chandelles, épices, huile, mouton et bœuf pour lui et ceux de sa suite. Plus, six paires chapons et gélines, une douzaine d'alouettes, trois pagelles de bois, quinze fagots. Pour les deux chevaux, deux cétiers d'avoine.

(Arch. de Muret. — États de Muret, décembre 1567.)

XVIII.

1567. — 4 OCTOBRE.

LETTRE DE M. DE ROQUEFORT AU SYNDIC DU TIERS-ETAT DE COMMINGES, AU SUJET DU PAIEMENT DES COMPAGNIES.

Nous avons publié précédemment un paragraphe de cette lettre [1] qui, pour certains détails, mérite de figurer en entier dans la présente collection.

Monsieur le sindic, je suis bien ayse d'avoyr entendu que le

[1] Voy. *Hug. en Comminges*, p. 8, note.

païs a faict son debvoir, suyvant l'offre par vous faict de la somme de deux mil livres, et quant à ce que me mandés que au cas que vostre exantion ne auroyt lieu, je seroys tenu de rendre les deux mil livres, vous savez que je ne les veulx pas pour le me approprier à moy, car c'est pour soldoyer une compagnie ; mais quant il seroyt le cas qu'il ne fauldroyt poinct soldoyer lad. compaignie, je me offre de le vous rendre ; mais quant les soldats auroyent prins led. argent, vous savez que ne seroyt pas raison que je le rendisse de ma bource. Je vous envoye le propre original de l'exantion que Monsr de Burie vous a baillée. Il n'est jà besoing que vous faictes doubte qu'elle n'y soyt valable, car ung lieutenant du Roy ne trompa jamais personne. Toutesfoys aux premiers [Estatz] généraux vous adviserez s'il est besoing de l'avoir signée de la propre main du Roy. Je me offre moy mesme de la vous aller quérir, et me assure de la vous porter, et aultres plus grantz cas s'il est besoing, pour le proiffit du païs, au reste, mons[r] le scindic, il est très que nécessaire que veue la présente vous en allés jusques à la ville de Sainct-Bertrand protester contre l'evesque de Commenge et son clergé de la folle que les troys compaignies qui sont levées font sur le païs à faulte de bailler les deux mil livres par eulx offertes pour la solde d'une compaignie, car vous assure je suis délibéré les mectre toutes troys dans leur diocesse jusques à ce qu'ilz auront satisfaict, et de mesmes vous en fault faire au clergé de Sainct-Gaudens, car, à occasion de eulx, les compaignies retardent de aller faire service au Roy, et pour la conservation du royaulme.

Et vous prie faire bien causer lesd. protestations, et au demeurant laissés moy faire, vous priant de rechef y voloir faire diligence, après avoir prié le Créateur, monsieur le sendic, vous doyne ce que désirés.

De Balesta, ce 4e octobre [1567].

Vostre bon amy, ROQUEFORT.

A Monsr le scindic du Tiers Estat de Commenge. — A Sainct-Mathan.

(Arch. de Muret. — Correspondance des États.)

XIX.

1567. — OCTOBRE ET NOVEMBRE.

ÉTABLISSEMENT ET ENTRETIEN DES COMPAGNIES EN GUYENNE.

1. — COMMISSION DE CHARLES IX A BLAISE DE MONLUC[1].

Charles, par la grâce de Dieu, Roy de France, à nostre amé et féal le s^r de Monluc, chevallier de l'Ordre et nostre lieutenant général au gouvernement de Guyenne en absence de nostre très cher et très amé frère le prince de Navarre, salut et dilection.

Sçachant de quelle importance et conséquance est à nostre service et au bien et prospérité de noz affaires nostre pays et duché de Guyenne, nous y avons puys n'a guères faict lever et assembler gens de guerre, tant de cheval que de pied, pour les despartir et iceulx exploicter selon et ainsin que besoing et nécessité le requièrent pour la garde et conservation dud. pays en nostre obéyssance, à l'encontre d'aulcuns noz subiects qui puis n'a guères se sont eslevés, ayant prins les armes contre nous et nostre authorité, pour garder qu'ilz ne s'en emparent et saysissent au préjudice de nous et de nostre estat, et d'aultant que pour les aultres grans et précipités affaires que nous avons maintenant sur les bras nous ne pouvons promptement, comme nous vouldrions bien, pourvoir au payement desd. gens de guerre de cheval et de pied, dernièrement levez et qui pourront estre levés cy-après pour la garde et conservation d'icelluy nostre pays et duché, il est nécessaire que noz subiectz, manans et habitans dud. pays et duché regardent à s'ayder d'eulx mesmes, attendu qu'il y va de leur conservation, ensemble de leurs femmes, enfans et famille.

A ceste cause nous vous mandons et commettons par ces présentes, oultre le pouvoir et faculté que vous avez de nous à cause de vostre dit gouvernement, que ez villes, places, bourcz et bourgades où il y aura desd. gens de guerre, soit de cheval ou de pied, ainsi levés pour la garde et conservation d'icelles, vous faictes par

[1] Document indiqué par M. P. Courteault dans son *B. de Monluc historien*, p. 503, comme conservé à la Bibliothèque Nationale et dont une copie, celle que j'ai sous les yeux, appartient aux Archives de Muret : *Pouvoirs donnés par Charles IX à Monluc.*

noz officiers des lieux que besoing sera imposer et assoir sur les manans et habitans desd. villes et places contribuables à noz tailles, le plus justement et esgallement que fère se pourra, les deniers du payement de solde d'iceulx gens de guerre, ensemble les réparations, fortifications et autres fraiz nécessaires en cest endroict, afin que par faulte d'y satisfaire l'on ne feust pour en tumber en péril ou inconvénient durant l'affaire que se présente, vous aydant pour cest effect de telz deniers que vous verrés et sçaurés estre prestz en quelque lieu ou endroit que ce soit, selon vostre conscience, et la justice et équité que nous sçavons estre en vous, sans toucher à noz finances, d'aultant que nous en avons faict estat, en contraignant à ce fère, souffrir et obéir tous ceulx qu'il appartiendra, par toutes voyes et manières deues et en tel cas requises, et comme pour noz propres deniers et affaires, de ce fère vous avons donné et donnons plein pouvoir, etc...

Donné à Paris, le 28e jour d'octobre, l'an de grâce 1567, et de nostre règne le septiesme. — Ainsi signé. Par le Roy : de Fizes, et scellé de cyre jaulne du grand sceau à simple queue.

Collationné à l'original : B. de Monluc.

2. — Ordonnance de Monluc pour l'entretien des compagnies par le pays de Comminges.

Blaise de Monluc..... comme par lettres patentes de sad. Maiesté..... il nous soit mandé faire asseoir et imposer par les officiers, etc....., suivant lesquelles nous avons advisé, résolu et arresté de faire lever pour la cause susd. sur tous et chescuns les manans et habitans des pays et provinces dud. gouvernement, contribuables aux tailles, certaine somme de deniers de laquelle le pays et recepte de Comenge et ses aydes portent pour leur portion la somme de 10.694 liv. 18 s. 4 den. tournois, suyvant le département que nous en avons faict. A cette cause..... [suit la commission adressée au juge de Comminges pour lever cette contribution.]

Donné à Bordeaulx, le 27e jour du moys de novembre l'an 1567, — B. de Monluc. — Par mond. sr : Boéry; *ainsin signés.* — Extrait collationné par G. Galabert.

(Arch. de Muret. — États de Muret, décembre 1567.)

XX.

1567. — Novembre et décembre.

Garde de la ville et chateau de Muret.

1. — Pierre de Bellegarde prévient les consuls de Muret qu'il a confié au capitaine Garbet la garde du chateau de cette ville.

Pierre de Bellegarde... aux consulz de la ville de Muret et des villes et villaiges dépendans de la chestellenie d'icelle, salut.

Estans advertis de plusieurs entreprinses que ceulx de la nouvelle prétendue religion veulent faire et exécuter sur plusieurs villes de ce royaulme pour s'en emparer et fortifier là dedans, avons advisé pourvoir à celles que sont dans led. gouvernement en y mettant nombre de soldatz, selon l'importance du lieu, soubz la charge et obéissance de personnaiges suffisens et capables. A ces fins avons deputté et ordonné, députons et ordonnons Françoys Toyan, autrement le capitaine Garbet, pour la tuition et garde du chasteau de Muret, avec le nombre de 20 soldatz, pour l'entretènement desquelz et dud. Toyan vous mandons et commandons bailler vivres et alimens que vous prendrez des biens de ceulx de la nouvelle Religion.

Donné à Tholose, ce dernier novembre 1567.

P. de Bellegarde.

Par mond. s^r : J. Agut, *ainsin signé.*

(Arch. de Muret. — États de Muret, décembre 1567.)

2. — Ordonnance de P. de Bellegarde fixant le salaire du capitaine Garbet a Muret.

Pierre de Bellegarde, s^r dud. lieu, chevalier de l'ordre du Roy, capitaine de 50 hommes d'armes de ses ordonnances, gouverneur en la ville de Tholose en l'absence de mons^r le mareschal de Dampville, et lieutenant surrogé par mons^r de Monluc au gouvernement du hault et bas Comenge, Estarac et autres lieux circonvoisins, aux consulz de la ville de Muret, salut.

Sçavoir faisons avoir soubz nostre authorité commis et députté Françoys Toyan, autrement le capitaine Garbet, à la garde de vostre ville et chasteau d'icelle pour commander aulx soldatz que par vous luy seront baillés, lesquelz entendons estre prins des habitans de lad. ville, auquel voulons qu'ilz obéissent ez choses concernant le service du Roy comme feroient à nous si présens y estions, et luy avons ordonné pour ses gaiges 30 liv. pour moys que voulons estre prinses sur tous les lieux dépendans de la chastellenie dud. Muret, à raison de la bolugue, et icelluy de Toyan estre payé par les mains du trésorier de lad. ville qui recevra l'argent que pour ce faict sera cottizé, pour lequel lever vous donnons puissance pouvoir constraindre tous ceulx que fauldra par toutes voyes deues et raisonnables.

Donné à Tholose, le VI de décembre 1567.

P. DE BELLEGARDE.

Par mond. s[r] : J. AGUT.

(Arch. de Muret. — États de Muret, déc. 1567.)

XXI.

1567. — NOVEMBRE ET DÉCEMBRE.

PRISE DU CARLA ET DU MAS-D'AZIL PAR LES HUGUENOTS.

Ces deux places ayant été envahies par les troupes huguenotes, en 1567, le parlement de Toulouse envoya à leur secours les compagnies des capitaines Castelnau et Massabrac. Afin d'entretenir ces hommes d'armes on exigea des subsides de diverses communautés du diocèse de Rieux, situées en Comminges, notamment du Plan et de Saint-Christaud, ce qui provoqua une intervention de B. de Monluc, défendant aux villages compris en Guyenne de contribuer en Languedoc.

1. — ARRÊT DU PARLEMENT DE TOULOUSE.

La cour deuement informée tant par les procédures faictes par divers commissaires que par lettres missives d'auleuns seigneurs et gentilshommes et notoriété du faict, de l'invasion et détention des villes du Carla et du Mas-d'Azilz[1] par les rebelles séditieux ennemys du Roy et de son Estat, et des incursions, gastz, pilleries et dommaiges que donnent journellement aux villes et villaiges circonvoesins et habitans d'icelles, pour empêcher les

[1] Le présent arrêt ne vise que le Carla et le Mas-d'Azil : mais nos documents indiquent Daumazan comme envahi par les religionnaires à la même époque.

desseings et entreprinses desd. rebelles et les garder de faire et continuer telles et semblables revellions, violances et oppressions, et conserver le reste du pays et habitans en l'obéissance et protection du Roy, ordonne que pour l'entretènement des deux compagnies de gens de pied, la plus grand part arcabouziers, de deux cens hommes chescune, conduicte par les s[rs] de Castetnau et Massabrac, et ordonne pour les fins que dessus les evesques, abbés, chapitres, prieurs, villes, vilaiges nommés au rolle y attaché contribueront et forniront les deniers nécessaires pour la solde et payement desd. deux compagnies suyvant la cottization et département que en a esté faict, enjoignant aux scindicz et consulz de chescune desd. villes et vilaiges de, dans troys jours après l'intimation de cest arrest, impouser et cottizer, lever et exiger, apporter et mettre entre les mains de André Jessé, bourgeois de Tholose, les sommes esquelles ilz auront esté cottizés, et ce sur peyne de quatre mil livres t. en leurs propres et privés noms, et d'estre dictz et déclairés revelles et désobéissans au Roy, et à ce faire et payer ceulx qui auront esté cottizés pourront contraindre par toutes voyes deues et raisonnables, et emprisonnement de personnes, etc.

Donné à Tholose, en Parlement, le XIIIe jour de novembre l'an 1567. — BURNET, *ainsin signé.*

(Arch. de Muret. — États de Muret, déc. 1567.)

*
* *

Les consuls des communautés du Plan et de Saint-Christaud refusant de payer la taxe pour l'entretien des compagnies envoyées au Carla, au Maz-d'Azil et à Daumazan, furent mandés à Rieux par missives[1]. Un

[1] Dès le mois de mars, le juge de Rieux avait écrit aux consuls du Plan et de Saint-Christaud la lettre que nous transcrivons :

« Messieurs les consulz, la cour de Parlement m'a chargé de une commission concernant l'honneur de Dieu, proffit et service du Roy et repos de ses subjectz, à laquelle comme y aïant intérestz fault que vous entandés. Par ainsin pour le bon zelle qu'avés à sa Majesté ne farés faulte vous trouver et rendre en ceste ville de Rieux le premier jour d'apvril prochain pour sçavoir et entendre la teneur de mad. charge et ce que fauldra faire pour le service dud. s[r]. et pour le repos et tranquilité publicque. Et sur ce prieray le Créateur, Messieurs les consulz, en sainceté vous donner longue vie.

« De Rieux ce XXVIIe mars [1567].

« Vostre bon amy le juge de Rieux...

« *A Messrs. Messrs les consuls du Plan et Saint-Christaud. Au Plan et Saint-Christaud.* »

consul du Plan fut emprisonné aussitôt et ne recouvra la liberté que lorsqu'il eut payé 30 livres. Blaise de Monluc qui sur ces entrefaites reçut les délégués du Comminges, Pontic et Cambornac, mis au courant de ces exactions, rendit l'ordonnance suivante :

2. — ORDONNANCE DE B. DE MONLUC.

Blaise de Monluc... à toutz consulz, juratz et eschevins, scindicz, manans et habitantz de la comté de Cumenge, salut.

Combien que lad. comté de Cumenge et leurs aydes soient au pays de Guyenne, en nostre gouvernement, et ayant tout jamays accoustumé de contribuer aux frais et despences du faict de la guerre et autres charges nécessaires sur led. pays de Guyenne, si est ce nous avons esté advertis que ceulx de Languedoc ne se contentent de leurs aydes ès contributions nécessaires aud. pays et entreprennent sur nostre auctorité dans nostred. gouvernement, font contribuer aulcuns lieux et villes dud. Cumenge et leurs aydes en leursd. garnisons, fraictz et despenses, ce que ne volons permettre, ains vous en faisons inhibition et deffence, non obstant toutz arrestz et jugemens que porroient avoir esté donnés tant par la court de Parlement de Tholose que aultres, ausquelz ne volons que vous obéyssiés en aulcune manière en ce que concernera les fraictz, despenses et autres chouses et charges deppendant du faict de la guerre; et où, pour raison de ce, auroient esté prins prisonniers aulcuns, et saysis biens, mandons et commandons au premier sergent royal sur ce requis faire commandement aux détenteurs d'iceulx les mectre en liberté, et délivrer lesd. biens, à peyne de désoyéissance, permettant les constituer prisonniers jusques à pleyne satisfaction[1].

Donné à Agen, le tiers jour de décembre l'an 1567.

B. DE MONLUC.

Par mond. s^{r} : Boéry, *signé*, et scellé avec ung cachet.

(Arch. de Muret. — États de l'Isle-en-Dodon, déc. 1567.)

[1] Sur la levée des soldes en Guyenne, en novembre-décembre 1567, voy. P. COURTEAULT, *op. cit.*, p. 503.

XXII.

1567. — Décembre.

Paiement des compagnies en garnison a Samatan.

1. — Offre des États pour le paiement des compagnies.

Les gens des troys Estatz au pays et comté de Commenge assemblés par mendement du Roy en la ville de Muret le xviie jour dez moys et au bas escriptz, après avoir délibéré sur le faict de l'imposition des tailhes, creue, tailhon et aultres deniers par sa Majesté demandés aud. pays, et tractans des affaires d'icelluy, mesmes de la grand despence que la compaignie du s^r^ de Gramont a faicte aud. pays demeurant en garnison en la ville de Samathan par intervale de temps despuys ces nouveaulx troples, laquelle est si grande que totellement est insupportable ausd. Estatz parce que d'ailleurs et par plusieurs aultres compaignies faictes et passées aud. pays ilz auroient souffert beaucoup, bien qu'ilz soient bons et vrays catholicques et subiectz de sad. Maiesté, sans ce que aud. pays, grâces à Dieu, y ayt de telle vermine de gens de la préthendue nouvelle Religion, ny que aud. pays soit surveneu aulcung troble, ny différent, ce que monsieur de Monluc, lieutenant général du Roy en Guyenne, auroit cogneu, veu et expérimenté, car ung de ces jours passés, voulant dorsenavant soulager led. pays de telles despences, de sa grâce l'auroit exempté de lad. garnison et toute aultre, ensemble de contribution de vivres et aultres chouses portées par la despeiche que de ce en avoict expédié, commandant par icelle à monsieur le baron de Larboust, lieutenant de lad. compaignie et icelle conduisant, de soy retirer à aultre garnison hors led. pays de Commenge, à luy pour le présent ordonné, suyvant la commission à luy, accompaigné d'une missive envoyée par led. seigneur de Monluc, et en absence dud. M^r^ le baron baillée à son enseigne le sieur de Mantieulx, le viie jour desd. moys et an susd., et toutesfoys au lieu que de vuyder lad. garnison et soulaiger les habitans dud. Commenge, suyvant led. mandement et exemption, icelle compaignie y demeure encores jaçoit que entièrement presques led. jour du bail desd. commission et missive faict à lad. enseigne, lad. compaignie feust payée des vivres et munition à elle ordonnés auparavant, par les mains des consulz et aultres d'aulcunes villes et villaiges dud. pays.

Si est ce pourtant qu'en lad. assemblée se seroient présentés les capp^{nes} Beaurepaire et Mons, hommes d'armes de lad. compaignie, lesquelz de la part dud. s^{r} lieutenant auroient requis payement et remboursement des vivres nécessaires à lad. compaignie, suyvant les missives envoyées ausd. consulz dud. Samathan par led. s^{r} de Monluc, et despartement et taux qu'en auroit esté faict, et ce de 22 jours qu'ont dict jusques à présent leur estre deu d'arréraiges despuys qu'ilz entrarent en lad. garnison, requérant response et déclaration si l'on entend obéyr au contenu desd. missives et mandement dud. s^{r} de Monluc.

A quoy par lesd. Estatz discourans leurs voix, après avoir veueus lesd. exemption et missives, ensemble le payement faict des vivres à lad. compaignie XXVIII jours completz, et plusieurs aquitz que de ce ont exhibés les consulatz de la chastelenye dud. Samathan montans en tout 3.417 liv. 10 s., a esté respondu que s'il y a aulcungs jours de reste à payer iceulx vivres, qu'ilz seroient interveneus despuys lad. exemption et commission d'aultre garnison présentées, ausquelz n'auroit esté obéy, par quoy led. pays ne seroyt tenu les satisfaire, et moins aussi XIIII jours que lad. compaignie a demeuré hors lad. garnison au mandement du lieutenant du Roy, pendant lesquelz auroit vescu aux despens du peuble des lieux par où elle passoit, d'où adviendroyt deux foys payement de vivres desd. jours. Toutesfoys lesd. Estatz laissans telles raisons et excuses en arrière, pour honnesteté de lad. compaignie et principalement des chefz conduisant icelle, ont offert et offrent leur payer et satisfaire pour lesd. VIII jours adveneus puys lad. présentation de commission et missive, les vivres à raison de ce qu'ilz en auroient prins auparavant, suyvant led. despartement, et quant aux aultres XIIII jours passés pour ne tenir lad. garnison, ains aux champs, par mandament dud. s^{r} lieutenant du Roy, pour chacun jour et nuict ont aussi offert payer 22 souls et demy tournois, comme le Roy leur donne de gaiges pour homme d'armes et archier, à l'équipolant, et au cas que lad. compaignie ne voldre accepter telles offres, sans à l'advenir payer pour aulcune demeure aultres vivres, au nom desd. Estatz sera envoyé vers led. seigneur de Monluc certains gentilshommes pour débatre lesd. différans et vuydange de lad. garnison, suyvant icelle exemption. Si ont lesd. Estatz cependant protesté contre les chefz de lad. compaignie et tous aultres, de tout désordre que icelle pourroit fère, et despens, domaiges et intérest, et respectans l'auctorité et mandement dud. s[r] de Monluc lesd. capp[nes] Beaurepaire et Mons ont dict devoir estre du tout payés suyvant le despartement, car aultrement ne sauroint vivre, etc...

(Arch. de Muret. — États de Muret, décembre 1567.)

2. — Lettre de P. de Bellegarde aux États au sujet de la compagnie du baron de Larboust a Samatan.

Messieurs, j'ai receu vostre lettre laquelle et vostre requeste a esté présentée à Monsr le président qui l'a trouvée fort raisonnable, vous priant faire rendre bon compte à ceulx de Samathan de toutes choses qu'ilz ont receues et frayées, ausquelz je suys asseuré que Monsr le baron de Larbost ne demandera plus, ayant receue une lettre que je luy escriptz aulcune chose du temps qu'il a esté absent de leur ville, dans laquelle il n'est rien survenu à l'occasion de leur guarnison qu'il ne soict aysé de l'entendre, ce que espérant vous fairés, je finiray ceste lettre en priant Dieu qu'il vous doint, Messieurs, avec bonne santé, la très longue vye.

De Tholose, ce XIXe décembre 1567.

Bien asseuré et parfaict amy, P. de Bellegarde.

A Messrs, Messrs les gens tenans les troys Estatz pour la comté de Commenge. — A Muret.

(Arch. de Muret. — Correspondance des États.)

*
* *

Il est de nouveau question des démarches faites par le pays de Comminges pour éloigner les compagnies en garnison à Samatan dans une requête adressée aux États réunis à Muret, le 24 janvier 1569 :

Premièrement, au moys de janvier [1568] quand m[r] de Lamesan vint de m[r] de Monluc, pourta mandement à m[r] de Larbost per deslougier de la ville de Samathan avec la compaignie de m[r] de Gramont, dont le s[r] de Larbost ne volait partir que luy mesmes n'eust parlé avec led. s[r] de Monluc, par quoy fust avizé que led. s[r] de Lamezan retournaroict aud. s[r] de Monluc...

Plus, m[r] de Monluc manda deux lettres, une aux sindicz de Commenge et l'aultre aux capp[nes] qu'estoient aud. pays afin de les faire marcher, desquelles lettres en fimes faire vidimatz pour envoyer à Muret, Lisle et à Lamesan...

Plus, avons receu deux lettres de m[r] de Monluc pour envoyer et faire tenir aud. s[r] de Roquefort...

(Arch. de Muret. — États de Muret, janvier 1569.)

XXIII.

1567. — Décembre.

Lettre du capitaine Labastide aux consuls de Charlas pour avoir munition de vivres.

Messieurs de conseulz de Charllas.

Je suys en ce lieu de Blagean avec ma compaignie pour le service du Roy. Est de besoing dresser ma compaignie, et affin que toutz ce en ressentent de la despence vous ay voluz advertir de vous préparer et fère monytion de vivres, à celle fin quant je arriberé je n'y trube faulte.

Me recommande à voz bonnes grâces.

De Blagean, l'ure présente.

Le bien vostre bon amy, La Bastide.

A Messieurs les conseulz de Charllas.

(Arch. de Muret. — États de Muret, décembre 1567.)

XXIV.

1568. — Janvier.

Blaise de Monluc a Lectoure.

La note qui suit permet de constater la présence de Monluc à Lectoure, à la date du 10 janvier 1568. La Rochelle s'étant donnée aux réformés, Monluc reçut commission d'aller reprendre cette place dès le 9 janvier. Il dut par conséquent quitter Lectoure bien peu de temps après. Vers le 20 janvier, il quittait Agen où il n'avait pu faire qu'un séjour très bref[1].

Assiette et département faict par nous Durand de Borderia... depputé par Monsr de Monluc... pour assoir et esgaller les vivres, fournitures et despens faicts par les villes et villaiges dud. pays et comté de Comenge pour les despens de bouche dud. s[r] de Monluc que des compaignyes des gens de guerre, tant à pied que à cheval, et autres de sa suyte, passant, allant et séjournant au hault pays dud. Comenge, contre les rebelles de la Majesté du Roy, suyvant les lettres de commission à nous adressantes, données à Lectore, le 10me jour du moys de janvier 1568, signés dud. seigneur de Monluc, et de Lausic, secrétaire...

(Arch. de Muret. — États de Muret, 14 avril 1568.)

XXV.

1568. — Janvier.

Commission de M. de Fontenilhes aux s[rs] de Labatut et de La Broquère.

Phelippes de La Rocque, seigneur de Fontanilles, lieutenant de cinquante hommes d'armes soubz la charge de Monseigneur de Monluc... aux seigneurs de Labbatut et de La Brocquère.

Estans advertis despuis peu de jours le cappitaine Montamat et aultres ennemis et rebelles au Roy se seroient assemblez tant au pays de Béarn, Bigorre, que aultres lieux circonvoisins pour se aller joindre à ceux qui se treuvent en force et contre la volonté de sa Majesté ès villes des lieux de Montauban, Castres ou Carla, à ceste cause, nous, comme lieutenant dud. seigneur de Monluc aud. pays en son absence, vous mandons et en tant que besoing seroict commectons par ces présentes que incontinent qu'il vous viendra à notice Montamat ou aultres rebelles a sad. Majesté se mettroient en armes, ou feroient assemblées de gens allans ou

[1] Cf. P. Courteault, *op. cit.*, p. 506. — Le 22 janvier 1568, Monluc est à Bordeaux où il signe une commission pour le capitaine Larouge contre « les rebelles et séditieux qui se sont élevés contre le Roy et qui se sont saisis des lieux du Mas-d'Azilz et du Carla. » (États de Muret, décembre 1569.)

voullans passer ou marcher par le pays de Commenge, ny ailleurs, vous ayés incontinent, à toute diligence, assembler tant de gens de pied ou de cheval qu'il vous sera possible, ensemble les communautez du pays dud. Commenge et aultres lieux à son de tambourin, tocquesainct et de toute aultre forme qu'il vous semblera pour courir sus, mettre en route, défaire et mettre en pièces lesd. assemblées, comme estans ennemys du Roy, de son royaume et repos public.

De quoy faire, pour vous estre tousjours monstrés affectionnés au service de sad. Majesté, et pour raison de vostre espérience et fidélité, pour raison de ce dessus, vous avons donné semblable puissance que si led. seigneur de Monluc, ou nous en son absence, y estions présens. En foy de ce vous avons dépeschées ces présentes signées et scellées de nostre seing et armoiries. A Chasteau Sarrasin le 24me de janvier 1568 : Fontanilles, *ainsin signé.* — Copie collationnée par Biard, notaire.

(Arch. de Muret. — Correspondance des États.)

XXVI.

1568. — Février.

Lettre de B. de Monluc au Juge de Comminges, pour l'entretien des garnisons.

Monsieur, dès le xxviie jour de novembre dernier nous vous avons envoyé commission pour imposer sur le pays et recepte de vostre seneschaussée la somme de 1.694 livres 18 sols 4 deniers tournois pour le payement de la solde et entretènement des gens de guerre tant de pied que de cheval levez en nostre gouvernement de Guienne pour le service du Roy ensemble pour les réparations et fortifications nécessaires et utiles d'icelluy avec les fraiz suivant les lettres patentes dud. s[r] à nous adressantes, données à Paris le xxviiie d'octobre dernier passé, payable lad. somme en la ville de Bordeaulx ez mains de Mr Ougier de Gourgues par nous commis à faire la recepte générale et distribution desd. deniers, à deux termes, sçavoir : le premier jour de janvier dernier et avril prochain. Et d'autant que nous aurions faict payer et ouster les compagnies mises et entretenues aux garnisons de nostre dict gouvernement des deniers qui sont provenans du premier terme de lad. solde et enjoinct très expressément ausd. compagnies et chescunes d'icelles particulièrement de ne prendre rien du peuple sans payer pour le soulagement d'iceluy, pour à quoy entretenir nous avons advisé de les payer d'ores en avant par chascung moys afin que le peuple en soit plus soulagé et lesd. compagnies entretenues, mais ne le pouvons faire sans recouvrer deniers pour leur faire led. payement. A ceste cause il vous est mandé que la présente receue et icelle veue vous ayés incontinant et sans délay mander à tous les consulz, manans et habitans des villes et villaiges de vostre séneschaussée contribuables à lad. solde, que le terme qui escherra le premier jour d'avril pour le second terme de lad. solde, ilz ayent à l'anticiper et payer au premier jour de mars prochain ez mains de celluy quy a esté par nous commis à faire lad. recepte, pour le mettre ez mains dud. de Gourgues dans le quinziesme dud. moys de mars et que ce soict avec la plus grand diligence que faire se pourra. Je vous prie, de vostre part, y tenir la main, de tant que vous aymés le service du Roy, me recommandant sur ce à vostre bonne grâce, priant le Seigneur Dieu vous tenir en la sienne.

D'Agen, ce XIIIe de febvrier 1568.

Vostre bien bon amy, B. DE MONLUC.

Et sur le repli est escript : à Monsieur de Juge de la comté de Comenge, ou son lieutenant, à Muret.

Receu l'original par moi Galabert et baillé à M. le juge de Comenge, commissaire, le XXIe febvrier 1568.

Cote : 14 febv. 1568. — Coppie de la lettre de M. de Monluc au juge de Commenge pour l'imposition de 1.694 liv. pour l'entreténement de gens de guerre.

(Archives de Muret. — Correspondance des Etats.)

XXVII.

1568. — Février.

Requête des consuls de Muret a B. de Monluc pour la réparation des murs de cette ville. — Réponse favorable de Monluc.

A Monsr *de Monluc, etc...*

Supplient humblement les consulz, manans et habitans de la ville de Muret, principalle et capitalle de la comté de Comenge, que dez les comancement de ces trobles ilz auroient souffert plusieurs passages de compaignies de gens de guerre, et oultre ce, faict de nuict et de jour la garde actuellement et personellement, si auroyent despendu et frayé tout ce que leur auroit esté poussible assembler entre eulx à la réparation et fortification de lad. ville, et toutesfoys encores y reste à réparer quelques endroictz dangereux à plain déclérés à l'attestatoire du juge de Comenge, laquelle réparation ne se pourroit fère que ne coustat six cens livres et plus, comme est pourté par led. attestatoire cy attaché, à quoy les supplians ne sçauroient, ny pourroyent supplir.

Ce considéré, et que encores au temps présent les suppliantz sont constrainctz à vacquer actuellement et personnellement pour le service du Roy, tuytion et deffence de lad. ville, s'emploïer à fère et continuer lad. garde, plaise à vous mond. s[r] ordonner, veu la pouvreté de lad. ville, que pour la répparation et fortification des endroicts ruyneus d'icelle, lad. somme de 600 liv. sera prinse pour y estre emploiée des mains du trésorier qui a la charge de lever les deniers cottisés pour raison des réparations et fortifications des villes, ou bien des habitans et lieutenans des villages de la chastelenye de lad. ville, suivant la volugue, mesmes attendu que par cy-devant ilz n'ont faict aulcune garde, ny contribution en icelle ville, et ferez bien.

Villa, *pour les supplians.*

*
* *

Veue l'attestation cy attachée par laquelle appert que les murs de la ville de Muret sont en plusieurs endroictz ruynés et ouvertz, et qu'elle est sur la rivière de Garonne, de laquelle si les ennemys du Roy s'en estoient saisis ilz pourroient empêcher les traficz et commerce long de lad. rivière, à ceste cause, avons permis et permettons aux consulz dud. Muret, fère réparer lesd. murailles, et pour cest effect avons renvoyé la présente requeste par devant le juge de Comenge, ou son lieutenant, appellé le procureur du Roy, pour imposer tant sur les habitans de lad. ville que chastelenye d'icelle, la somme de 600 liv., le fort portant le foible, etc...— Faict à Agen, le 7me febvrier 1568. : B. DE MONLUC. — Par mond. s[r] : BOÉRI, *signé*. — Extraict et collationné, etc., VILLA.

(Arch. de Muret. — Papiers de la communauté de Muret.)

XXVIII.

1568. — MARS.

COMMISSION DE B. DE MONLUC AU S[r] DE VARÈNES.

Il lui enjoint de lever en Comminges une partie de la solde de la compagnie de M. de Gramont.

Blaise de Monluc, chevallier de l'ordre du Roy, capitaine de cinquante hommes d'armes de ses ordonnances, et son lieutenant général au gouvernement de Guyenne, en absence de monseigneur le prince de Navarre, au seigneur de Varènes, salut.

Comme pour la tuition et défance des villes et plat pays de nostre gouvernement, garder et empêcher que ceulx qui se sont eslevés en armes et se sont emparés de la ville de Montauban ne continuassent leurs incursions et sacagemens cy devant faictz. Nous avons ordonné pour tenir garnison en la ville de Négrepelisse la compagnie du s[r] de Gramond estant nà guyères en Comenge pour de plus près tenir en bride les ennemys du Roy estans à lad. ville de Montauban, et que pour les grandes folles et despances que lad. ville de Nègrepelisse et pays de Querey ont cy devant souffertz et soffrent encores à cause des passaiges des gens de guerre et garnison d'autres compagnies qui sont aud. pays, les habitans dud. Querey n'ayant moyen fornir des vivres nécessaires aux gens d'armes de la compagnie dud. s[r] de Gramont, sans grand deschet et intérest, Nous aurions ordonné que la moytié dud. deschet et intérest des vivres que serout nécessaires à lad. compagnie dud. s[r] de Gramond, sera satisfaict et porté par les habitans dud. pays de Comenge, et pour ces causes vous mandons et comectons par ces présentes que vous ayés, incontinent et sans délay, vous transporter ez villes et lieux dud. Comenge où lad. garnison estoit dès le commencement ordonnée, et illec procéder au despartement et esgalization du deschet de la moytié de tous vivres nécessaires à lad. compaignie pour eulx et leurs chevaulx ayant esgard à la charté desd. vivres et à la modicité de la solde desd. gens d'armes, et département faict, constraindre les consulz, juratz, manans et habitans des villes et pays de Comenge que cy devant portoyent la charge de lad. compaignie, fournir à icelle la moictié du déchet de toutz lesd. vivres, non obstant tous mandemens et descharges qu'ilz pourroient avoir de nous cy devant ou après au contraire, par lesquelles ne volons estre différé quant à ce, ains non obstant tout, estre procédé oultre par vous à l'exécution de nostre dicte ordonnance, attendu l'urgente nécessité du service du Roy.

Mandons à toutz justiciers et officiers dud. seigneur vous prester secours, faveur, ayde et assistance en tous lieux et actes que les requerrés, à peyne de désobéyssance.

Faict à Bordeaulx, le premier jour de mars 1568.

B. de Monluc.

Par mandement dud. s^r^ : Boéry, *ainsin signé.*

(Arch. de Muret. — Correspondance des États.)

XXIX.

1568. — Mars.

A propos d'une levée d'ecclésiastiques en Gascogne.

Nos lecteurs connaissent la curieuse commission adressée par Monluc, de Bordeaux, le 11 mars 1568, au prêtre-capitaine Micheau Maulabère (*alias* Maulabert), lui mandant de faire une levée d'ecclésiastiques à Auch, Lombez, Lectoure et Lavit-de-Lomagne. Une copie de cette commission, autre que celle que nous avons déjà publiée, est suivie de deux annotations non moins singulières, bien conformes toutefois aux mœurs de l'époque.

1. — Attestation de l'évêque de Lombez.

Pierre de Lancrau, evesque de Lombez, à tous ceulx que ces présentes verront, salut.

Sçavoyr vous faisons et attestons que le présent double de commission a esté extraict à son propre original et par devant nous vidimé de mot à mot selon sa forme et teneur, sans rayeure aulcune, enjoignant à tous prebstres de notre diocèse obéyr à noble Jehan de Lautrec, recteur de Sainct-André, et à Me Jehan Lacombe, prébandier de Lombez, comme leur ayant esté donné plain pouvoyr et puissance par le cappne nommé et comprins en lad. commission pour constraindre lesd. prebstres tout ainssin qu'est pourté par lad. commission.

En foy de quoy avons faict escripre la présente et signé de nos mains avec celle de nostre sceau et armes, à Lombez, ce XX mars 1568. — P. DE LANCRAU, *evesque de Lombez.*

2. — SUBROGATION DONNÉE PAR MICHEAU MALAUBÈRE AU RECTEUR DE SAINT-ANDRÉ ET A UN PRÉBENDIER DE LOMBEZ.

Je Micheau Malaubère, cappne, en vertu de ma commission, ay surrogé et surroge à noble Jean de Lautrec, recteur de Sainct-André, et à Me Jehan Lacombe, prébandier de Lombez, pour procéder au faict de mad. commission, leur donnant plain pouvoyr, auctorité et puissance, tout ainsi que m'est à moy donné par mad. commission, tant en la diocèse de Lombez que aultres. En foy de quoy ay escrip la présente.

Faict à Lombez ce XXe mars 1568. — M. DE MALAUBÈRE.

Coppie extraicte à son propre original par moy soubzsigné :

CONSUL, *forrier de la compagnie*[1].

(Arch. de Muret. — États de Lombez, 10 août 1568.)

[1] « Dans le mois de mars, au susdit [1568], le capitaine Malaubère, prêtre, avec le nombre de 80 soldatz, ou environ, lesquelz despendirent la somme de 37 livres », passa à Bragayrac. Passèrent au même lieu, en décembre, cette même année, Peyriguier, lieutenant de Sainte-Colomme, Fimarcon, Mons, etc. Le capitaine Maucabana, lieutenant d'une des cinq compagnies placées sous les ordres de M. de Roquefort, séjourna avec 250 hommes, à Bragayrac, le 8 décembre 1568. — États de l'Isle-en-Dodon, *loc. cit.*

Le capitaine Mons, dont il est question ci-dessus, s'appelait Arnaud de Gout. Il était fils de Bernard de Gout, sr de Monts, bourgeois de Samatan, et avait un frère, Angel de Gout, prêtre. Le 3 octobre 1580, Arnaud épousa Polixène de Couperose, contrat retenu par Arnaud Dauriac, notaire de Samatan, et testa le 12 octobre 1589 devant Jean de Saint-Pierre, notaire de Samatan. Sa veuve, mère de deux enfants, Jean et Hélène, épousa, le 26 octobre 1592, François de Lacaze, seigneur de Sardac, près Simorre, dit le capitaine Sardac. — (Résumé d'une note à nous adressée en 1897 par M. l'abbé Jules de Carsalade du Pont, alors chanoine d'Auch, aujourd'hui évêque de Perpignan.)

XXX.

1568. — Mars.

Lettre de Deslignes a G. Galabert.

Nous reproduisons cette lettre d'un chargé d'affaires du pays de Comminges et adressée au greffier des États, parce qu'il y est fait allusion à des missives de Blaise de Monluc, perdues semble-t-il.

Monsieur Gal[a]bert. — Ce jourd'huy mons[r] le juge de Comenge m'a baillé ung paquet de la part de mons[r] de Monluc pour, en diligence, le vous envoyer, et ce que luy ay promis faire afin que après l'avoir reçeu et veu le contenu d'iceluy, ne faillhez mander ceulx que pour ce seront à mander ce treuver au lieu et jour dans les lettres dud. s[r] de Monluc mentionné, et comme trop mieulx entendés les affaires que se présente[nt]. Au surplus, je vous advertis que les auditeurs travaillent aux comptes. J'espère que tout yra bien, Dieu aydant, auquel je prie M. Gal[a]bert qu'en sancté vous donne longue vie, me recommande à vostre bonne grâce et de tout ce que vous aymés.

De Tholose, en vostre maison, ce 24[e] mars 1568.

Vostre meilleur amy, Deslignes.

A mons[r], m[r] Gal[a]bert, bachelier en droictz et greffier des Estatz au pays de Comenge. — A Muret.

(Arch. de Muret. — Correspondance des États.

XXXI.

1568. — Juin.

Passage de MM[mes] de Monluc et de Fontenilhes a Muret.

Il s'agit d'Ysabeau-Paule de Beauville[1] et de Françoise de Mansencôme[2].

A vous messieurs les gens des Troys Estatz du pays et comté de Commenge.

Supplie humblement Jehan Pradel que pour les affaires du Roy

[1] Cf. P. Courteault, *Deux lettres inédites d'Isabeau de Beauville*, etc., dans la *Revue de Gascogne*, XXXIX, p. 390.

[2] Cf. J. Lestrade, *Documents inédits relatifs à B. de Monluc*, etc., dans la

et bien du pays le suppliant auroict receu en sa maison le porteur de la lettre missive de mons[r] le premier président au parlement de Tholose [1], et aussi les deux chevaulx de poste y mentionnés, et suyvant le maudement de Me Pierre Busc, licencié, premier consul de lad. ville, comme apert au dos de lad. lettre ; comme aussi par exprès maudement dud. consul receust dans sad. maison madame de Fontanilhes avec huict montures sans en rien demander de lad. despense, pour ce que luy estoit deffendu, pour une disnée à ses gens et chevaulx, le tout à ses propres despens, et lesd. chevaulx de poste quatre jours, ensemble l'homme qui les conduysoit.

A ceste cause vous plaise de vos grâces ordonner tant de la despense de lad. dame de Fontanilhes que desd. chevaulx de poste et contenu à lad. requeste octroyer payement estre faict aud. suppliant par le trésorier et recepveur dud. pays et comté de Commenge, et ferez bien.

(Arch. de Muret. — États de l'Isle-en-Dodon. 15 déc. 1568.)

Dans le *Rolle des frais* des consuls de Muret en 1568, figure une dépense relative au même objet : « Madame de Monluc, au mois de juing dernier, seroit passée en la présente ville accompaignée de madame de Fontanilhes, avec six chevaulx, luy fust présentée la collation, laquelle la reçeust, fust despendu x liv.

« Davantaige au retour de lad. dame de Fontanilhes, avec quinze chevaulx, luy fust bailhé la disnée, fust despendu XII liv ».

(Arch. de Muret. — États de Muret. 22 janv. 1569.)

XXXII.

1568. — Juillet.

Requête du tambourin et du fifre en garnison a Muret.

Supplie humblement Marcial Genestie, tamborin, et Jehan

Revue de Gascogne, XXXIX, p. 440. La place appelée *Lasserre* doit être identifiée, à la page 442 de cette note, avec le *Castrum de Serrâ Bastidettâ*, près Muret, et non avec le village aujourd'hui compris dans le canton de Léguevin. Cf. *Huguenots en Comminges*, p. 66.

[1] Jean Daffis.

Colom, phifre de la compaignie du s[r] de Panassac, que led. s[r] pour la tuytion et deffence de la ville de Muret et icelle conserver en l'obéyssance du Roy, y auroit esté ordonné gouverneur avec sad. compaignie, soldoyée par le païs suyvant la délibération desd. Estatz et ordonnance du s[r] de Monluc, lieutenant pour le Roy au païs et duché de Guyenne, que lesd. suppliantz auroient faict le service actuel depuis quatre mois et demy, sans avoir esté satisfaictz de leur solde, ores qu'ilz ne doibvent estre de moindre ou plus pire condition que les autres mambres de lad. compaignie qui ont esté paiés.

A cesté cause vous plaise de voz grâces ordonner que lesd. suppliantz seront paiés et satisfaictz par le trézorier du païs de leur dite solde, pour cinq moys qu'ilz auront servy le dernier de ce mois de janvier, à raison de dix livres chascun pour mois, que revient à cent livres, ou telle autre somme qu'il vous plerra, les mectant au rolle et estat pour estre payés par cy après, comme les autres de lad. compaignie, si ferés bien.

M. Ginestié, *tamboryn*.

(Arch. de Muret. — États de l'Isle-en-Dodon. juillet 1568.)

XXXIII.

1568. — Juin.

Importante lettre de Charles IX à Blaise de Monluc.

Le roi entretient Monluc des affaires de son gouvernement de Guyenne. Cette missive, provoquée par plusieurs lettres de Monluc, est écrite sur un ton de confiance qui dut singulièrement le flatter; il n'est pas surprenant qu'il ait pris le soin de la communiquer aux États compris dans la généralité de Guyenne, avec ordre d'en retenir copie.

Monsieur de Monluc, j'ay tousjours remys à faire responce à plusieurs lectres que vous m'avez escriptes, durant le moys passé, attendant le retour de Lamerque, mon vallet de chambre, affin que ayant entendu par luy plus particulièrement comment toutes choses se passent en vostre gouvernement, je regardasse à vous envoyer ma voulonté pour vous donner moyen d'establir ung bon ordre en icelluy, pour en faire garder et observer mon édict de pacification et empêcher qu'on ne fisse aucune assemblée, ny aultre chose au contraire dudit édict: et cognoissant par ce que vous m'avés mandé par vos lectres dernières que ledict Lamarque n'est prest à s'en retorner, j'ay advisé de vous despêcher le présent porteur et vous mander par luy que si encores que par cy devant j'aye adressé quelques paquetz à mon fraire, le prince de Navarre, et en son absence à vous, que ce a esté en intention que vous ne les laisseriés passer oultre le lieu où vous seriés, ainsi qu'il avoit acoustumé d'estre faict auparavant les troubles derniers en choses généralles, et que ouvrant les lettres et cognoyssant par icelles mon intention, vous pourvoirriés à ce que vous a esté mandé comme vous avés tousjours très bien faict.

Et pourtant, Monsieur de Monluc, je vous prie ne croyre par là que j'aye volu vous diminuer l'auctorité que mes prédécesseurs vous ont donnée, et que je vous aye entretenue, vous assurant que j'ay esté si bien servy de vous que je ne penseray jamais à cela, mais plustôt à la vous augmenter ainsi que vous mérités. Donques, Monsieur de Monluc, vous desveloppant de toute occasion que vous pouvés avoir de mal contentement, voyant que vous estes aymé de vostre Maistre et qu'il vous estime tel que vous estes, je vous prie d'embrasser l'exécution de ma voulonté en ce qu'est de l'estendue de vostre charge, comme vous avés tousjours très bien faict, et de fasson que j'aye occasion par vostre moyen d'estre aseuré que je soys obéy de ce costé-là, et qu'il n'aviendra rien au préjudice de mon service. A ceste cause, je désire que vous commenciés pour despartir les compagnies des gendarmeries qui ont esté ordonnées tenir garnison en vostre gouvernement, et que vous choysissiés les lieux où vous penserés qu'il seront à propos pour fère que la moytié desd. compagnies, suyvant vostre advis, demeure ès lieux de leursd. garnisons, à ce que vous les puissiés trouver plus prestz et plus à propos pour vous en servir quand l'occasion s'en présentera. Vous pryant de m'envoyer les noms des lieux que vous aurés choysy, après vous ayant envoyé ung ordre que je désire que soyt observé par toutes les villes de ce royaulme pour souffrir rentrer, suyvant mon édict de passification, ceulx de la Religion préthendue réformée, en icelluy. Je vous prie le faire garder.

Aussi je vous ay mandé que je désiroys qu'il me fust par vous nommé ung gentilhomme de qualité et bien catholique pour demeurer en chascune ville de vostre gouvernement où vous jugeriés qu'il fust besoing pour mon service d'y tenir ung homme de bien pour maintenir ung chescun en paix, faire entendre aux habitans du pays mon intention, et vous tenir adverty de ce que s'en feroit de son costé contre mes édictz et ordonnances, et de le me mander incontinent. A quoy je vous prie de satisfaire au plus tost qu'il vous sera possible, et m'envoyer l'assiette des villes et des gentilzhommes voysins d'icelles, à ce que je vous puisse plus tost mander mon intention. Brief, je vous prie, Monsieur de Monluc, mectre peyne que tout ce que je vous ay escript cy devant soyt faict et exécuté, et que j'aye bien tost nouvelles que vous y aurés mys la main, voulant sur tout que mon édict de paciffication soit observé et gardé, de fasson que m'estant rendue l'obéissance et auctorité de tous mes subiectz, tant de l'une que de l'aultre Religion, ung chescun puisse vivre en repos et joyr du bénefiice dudict édict. Aussi que ceulx qui se vouldroyent tenir aux champs encores armés et assemblés, pillant mon pouvre peuple, contrevenant à ma voulonté portée par ledict édict de passification, soyent pugnys et chastiés de telle sorte que les aultres prainent exemple, et pour vous donner moyen de ce faire, je veulx que vous ayés huict compagnyes de gens de pied qui soient entretenuz par le pays en vostre gouvernement, pour les despartir où vous adviserés qu'il en sera le plus de besoing, estimant que quand elles seront bien completes, comme vous le pourrés fère, qu'elles souffiront pour ceste heure, remectant à vous à choysir les cappitaines et ordonner de tout ce que sera nécessaire pour icelles seullement.

Je vous prie que lesd. compagnies estant bien payées comme elles pourront estre par les habitans du pays, qu'elles vyvent sans fouller mon pouvre peuple quy l'a trop esté durant les guerres, et que estant icelles levées et entretenues pour la conservation de mes subiectz et pour les faire vivre en paix et seureté en leurs maisons, ilz ne soyent molestés, ny travaillés par eulx, mectant ung tel ordre et dissipline que personne n'aye occasion de s'en plaindre. Et quant à ce que vous me mendés pour vostre garde, pour les raisons que vous dira le présent porteur, j'ay différé de le vous accorder; mais je trouveray bon que vous vous aidés desd. compagnyes entretenues, comme il me semble que vous pourrés faire aysément. Et pour le regard de celles que vous désirés que soyt mys dedans ma ville de Bordeaulx pendant que vous en serés dehors, je trouve bon, comme je vous ay tousjours escript, que le seigneur de Thiladet l'aisné y demeure ainsi qu'il a faict durant les troubles, luy escrivant à ceste cause de ce faire, s'assurant que je le sauray si bien réccompenser du service qu'il m'aura faict pendant le temps qu'il y aura esté, qu'il aura occasion d'estre contant et satisfaict, et pourtant je vous prie d'admonester de ce faire, et qu'il n'est temps de se retirer en sa maison, estant besoing que mes bons serviteurs m'aydent du tout à remettre mon royaulme en repos, comme je le désire veoir, par le moyen de mon édict de passification.

J'ay donné charge au seigneur de Labordezière d'adviser ce que sera de besoing d'estre faict pour le maguezyn que vous me donnés advys qu'il est requis faire en ma ville de Bordeaulx, dont je vous menderay bien tost des nouvelles, aussi bien que des moyens que vous me donnés pour entretenir les navires quy sont de ce costé là, vous pryant croyre que quand j'auray advisé de ce faire, je seray tousjours bien ayse de gratiffier ceulx quy vous atouchent. Et en attendant, Monsieur de Monluc, je vous prie de rechef, comme j'ay tousjours faict, de faire garder et suyvre de poinct en poinct, mon édict de passification. Et sy paravant les troubles derniers auroit esté donné quelques lettres pour faire [le presche] [1] allieurs que aux lieux premiers ordonnés ès baillaiges pour l'exercice de la religion préthendue réformée, je vous prie ne souffrir qu'il ne soict faict, ny exécuté, voulant faire tout ce qu'il me sera possible pour garder ce que a esté permys, aussi empêcher que ceulx de lad. religion n'ayent plus que ce quy leur a esté accordé. Et pourtant je veulx que telles lettres données, si aucunes en y a, ainsi que vous m'avés mandé, n'ayent lieu, et que mon édict soit observé. Au demeurant, j'attendz nouvelles en bonne dévotion pour entendre que toutes les villes soient remises ainsi qu'elles estoyent auparavant les troubles, et pourtant je vous

[1] Mot raturé d'abord et écrit en surcharge. Lecture douteuse.

prie me mander ce qu'en est, vous assurant, pour fin de la présente, que je désire aultant faire pour vous comme je sçay que les services que vous avés faictz à ceste courronne le méritent, et que je vous prie aussi de contynuer, et si vous avés bien faict, par cy devant, mestre peyne de faire mieulx par cy après, embrassant de cueur et d'affection le bien de mon service. Et en ce que est de l'estendue de vostre charge, laquelle je ne penseray jamais vous diminuer ainsi que je vous prie de croyre, remectant le reste sur ledict présent porteur, pryant Dieu, Monsieur de Monluc, vous donner en santé, garde.

Escript à Paris, le second jour de juing mil v^c LXVIII.

CHARLES, *ainsi signé.*

Et plus bas : DE NEUFVILLE. — Et au-dessus de la lettre :

A Monsieur, Monsieur de Monluc, chevalier de mon Ordre et mon lieutenant général au gouvernement de Guyenne.

Extraict par moy : CHABANES.

Cote : Extraict de missive du Roy, envoyée à Monsr de Monluc, communiquée à l'assemblée, et d'icelle prinse coppie suyvant son mandement. Dernier de juing mil v^c LXVIII.

(Arch. de Muret. Correspondance des États.)

* * *

Le retentissement de cette missive fut grand en Guyenne, dans le Comminges spécialement. Blaise de Monluc s'appuya sur ce texte pour ordonner le dénombrement des catholiques fidèles à la religion et au roi, la nomenclature des armes et des hommes utilisables pour la défense du royaume, et la prestation d'un serment de fidélité. Les pièces suivantes nous font assister à l'exécution de ces mesures en Comminges en juillet-août 1568.

XXXIV.

1568. — JUILLET ET AOUT.

DESCRIPTION DES CATHOLIQUES EN COMMINGES ET SERMENT DE FIDÉLITÉ AU ROI.

Le dénombrement des catholiques en Comminges et la prestation du serment de fidélité fut la grande affaire des mois de juillet et août 1568. Pierre de Lancrau, évêque de Lombez, sur lequel B. de Monluc, se reposa pour réaliser cette entreprise, s'y employa activement. Certains détails de ces divers faits sont aujourd'hui connus[1]; mais une série de pièces inédites permet de les mettre en un plus grand jour. On en suivra avec intérêt le curieux développement.

1. — Communication des ordres de Monluc aux chefs-lieux des chatellenies du Comminges.

Receu je George Galabert soubz signé, six livres tournois pour distribuer à troys porteurs quy suyvront les chastellenies de la comté de Commenge et villaiges de la chestellenie de Muret pour avoir les noms et surnoms des s^rs catholicques et les envoyer par le scindic du pays vers le s^r de Monluc, suyvant le mandement du Roy, et ce du trésorier du pays, par mains de M. Pierre Terreri, collecteur de lad. ville de Muret, laquelle somme promès luy faire allouer par led. trésorier.

A Muret, le XXIIe de juing 1568.

G. Galabert.

Pour VI *l. t.*

(Arch. de Muret. — Correspondance des États.)

2. — Délibération des États.

Aux États tenus à l'Isle-en-Dodon, le 19 juillet 1568, les chefs des châtellenies et Tiers-État délibérèrent au sujet des « affaires contenuz en la commission envoyée par Mgr de Monluc ». Il fut déclaré :

Que en ce que touche le commandement et injonction aux habitans dud. pays de ne empescher, ny molester ceux de la préthendue religion refformée et inhibition et deffence ausd. de lad. religion se armer, partir de lad. comté, ny ce assembler par quelque commandement, si ce n'est exprès de sa Maiesté ou dud. s^r de Monluc, et commandement de se désarmer et autrement faire entretenir le Édict de paciffication, que tant en vertu dud. Édict que lad. commission, comme si devant l'on faict, lesquelz aussi dans ung brief délay doyvent faire information et rolle chacun en son endroit de chastèlanie du nombre tant des gentilzhommes fidelles et catholiques que autres du Tiers Estat pour servir à la Maiesté dud. sieur, pour lesd. rolles et attestations, après, estre envoyés devers led. s^r de Monluc pour, par luy, sur tout estre porveu comme luy semblera, et que promptement le greffier doibt

[1] Voy. *Les Huguenots en Comminges*, pp. 18-29.

despêcher ung double de lad. commission aux consulz de chesque chief de chastèlanie à ce que chacun en son droit puyssent faire son devoir, ce que fairont dans quinzaine, et pour rappourter ceste responce et rolles vers led. s[r] de Monluc sont depputés le scindic du Tiers Estat et M. Cambornac.

(Arch. de Muret. — États de l'Isle-en-Dodon. 18-20 juillet 1568.)

3. — Formule du serment.

Pour ce que l'on veoit ordinairement que la ruyne des hommes et subvertion des grandz royaulmes et estatz suit de près et acompaigne quasi tousjours le mespris et contempnement de Dieu et de ses commandemens, et que ce que on debvroit observer en choses divines et humaines est aujourd'hui tellement mesprisée et pervertie que ne s'en peult, ne doibt espérer ou attendre que une prompte calamité et la ruyne de ce roïaulme s'il ni est pourveu promptement, par la grâce et bonté de Dieu. pour l'union et bonne intelligence des loïaulx fidelles et subiectz du roy, qu'ilz ne soient tous ou la plus part uniz à la manutention de l'honneur de Dieu, conservation de l'Esglize catholique, appostolique, romaine, et à l'authorité qui appartient au roy très chrestien Charles neufviesme, nostre souverain seigneur, à la royne sa mère et à nos seigneurs ses frères, et pour donner ordre et contenir les subiectz de Sa Majesté au debvoir et obéissance dont ilz sont tenuz envers luy et envers ses courtz de parlementz, juges souveyrains et aultres magistratz desquelz à présent on faict si peu de compte que ni ha celluy qui n'aict hardiesse contre les loix divines et humaines ce que luy vient à la voullonté, sans recognoistre pour son Dieu et Roy aultre que son plaisir, volupté, apétit deshordonné, vengence ou embition effrenée.

Nous, pour ces causes, désirans unir toutes personnes à l'honneur de Dieu, authorité de sa sainte Esglize catholique et romaine, obéissance et debvoir dont chacun des subiectz du roy, nostre dict souverain seigneur, est tenu par obliguation naturelle et sermentz, bienfaictz ou aultrement, envers sa Majesté, la royne sa mère et nos seigneurs ses frères, l'authorité de sesd. cours, magistratz ordonnés pour rendre et distribuer à chascun ce qui luy appartient :

Protestons devant Dieu et jurons en son nom que nous recognoissons une seulle saincte Esglize catholique, appostolique et romaine, soubz l'obéissance de laquelle nous voullons vivre et mourir, ensemble soubz celle du roy Charles neufviesme, lequel nous tenons, advouons et recognoissons pour nostre souverain naturel et seul prince, voullons et sommes tous prestz de luy rendre tout l'honneur et subiection que nous luy debvons comme ses très humbles et loïaulx subiectz, que nous exposerons et serons tousjours prestz et apareilhés d'exposer nos personnes et biens, et de nos enfans, pour deffendre et conserver l'honneur de Dieu, de sad. saincte Esglize, l'authorité, l'honneur et l'estat de lad. Majesté du roy nostre souverain seigneur et prince, de la royne sa mère, et de nosd. seigneurs ses frères, et non seulement ne presterons jamais consentement, aide, conseilh, argent, vivres, faveur, ne aultres choses quelconques de se armer à l'encontre de lad. Esglize catholique, romaine, du roy, la royne sa mère, et de nosd. s[rs] ses frères, et contre le bien et repos public; mais à nostre pouvoir leur courrerons sus et les endommagerons de toutes nos forces soubz l'authorité de sad. Majesté, pour empescher leursd. desseings et l'exécution d'iceulx, et mesmes pour obéyr à tous arrestz, sentences données par lesd. courtz de parlementz, juges présidiaulx et aultres subalternes, et que tous exploictz, adjournementz et aultres actes de justice faictz et exécutés par les huissiers et sergens seront receuz avec l'honneur et autorité que est deue à la justice, sans qu'il y soict faict aulcune résistance, ny empeschement, et pour l'effaict que dessus, serons tousjours prestz à marcher en armes et au meilheur équipage qu'il nous sera possible, soubz la conduicte et commandement du roy, ou de mons[r] le duc d'Anjou, son fraire et lieutenant général, représentant sa personne par tout ce royaulme, pays, terres et seigneuries de son obéyssance, ou de celluy que par mond. s[r] le duc d'Anjou, lieutenant général, nous sera ordonné, pour n'y esprargner nostre vie, ni aultre chose estant en nostre pouvoir, affin que la force et obéissance demeure au roy, soubz laquelle, ensemble soubz sa protection, nous le supplions très humblement estre continués et mainctenuz tout le temps de nos vies, et affin que sad. Majesté et chascun cognoissent évidemment le zelle et affection que nous pourtons à la conservation, prospérité et manutention de son authorité et de son estat, et le désir que nous avons de donner occasion à ses subiectz estans de la Religion préthendue refformée de prendre assurance et confiance de faire le semblable avec nous, nous protestons et jurons, comme dessus, de conserver, à nostre pouvoir, toutz ceulx de lad. Religion préthendeue refformée qui auront faict et qui feront cy-après semblable serment que celluy qui est contenu cy-dessus pour le reguard de l'authorité de sad. Majesté, la royne sa mère et de messeigneurs ses frères, des courtz souveraines et aultres magistrats de ce royaulme, et d'estre et demeurer uniz, concordes et de mesme volonté avec eulx pour ce reguard, pourveu que de leur part ilz promectent et jurent tout semblablement, et qu'ilz vivent sellon les édictz et ordonnances dud. s^r^, sans y contrevenir aulcunement, et les prions de se asseurer de nous comme en semblable nous désirons en cella nous asseurer d'eulx, pour le désir que nous avons au bien, tranquillité et repos public, et à conserver et mainctenir la vie et les biens de tous ceulx qui soient bons et loïaulx serviteurs et subiectz du roy.

Et oultre, protestons et asseurons à sad. Majesté que nous n'abandonnerons point ses villes, places, châteaulx et forteresses, quelque nécessité, guerres ou troubles que y puissent venir, si ce n'est qu'il nous soict commandé de marcher par l'exprès commandement du Roy, ou de mondit s^r^ le duc d'Anjou son frère et lieutenant général, ains les garderons au dangier de nos vies, pour le service de sad. Majesté à laquelle nous ne serons jamais aultres que très fidelles et très obéissans et dévotz serviteurs et subietz, et demeurerons envers les dessusd. de lad. religion qui auroient faict led. serment, en bonne et sincère et fraternelle affection et amytié, espérant que Dieu par sa saincte grâce et ce bon commencement de réconcilliation, rendra enfin nosd. cueurs unis tant à son service que à celluy de nostre Roy, auquel tout bien, félicité, prospérité et honneur advienne.

Donné par coppie : Boéry.

Cotes du XVIe s. — « 1568. Forme de serement pour les catoliques. — Forme de serement à fère et tenir par les catholicques de l'Esglise appostolicque et romayne. Aoust. 1568. »

(Arch. de Muret. — États de Lombez, août 1568.)

4. — Lettre de Joyeuse aux consuls de Comminges.

Messieurs les Consulz, d'aultant que le Roy désire entendre de quel nombre de ses subiectz aptes à porter armes il se pourra ayder en cas de nécessité, vous en ferés faire la discution par toutes les villes et lieux de votre diocèze, et sçaurez leur équipaige soit d'armes ou de chevaulx, dont ferez dresser ung roolle que m'envoyerez au plus tost que pourrés, suivant la commission que je vous mande présentement, m'asseurant que n'y ferés faulte.

Je prie Dieu, Messieurs les Consulz, qu'il vous aye en sa garde. De Béziers ce XXIIIe jour de juillet 1568.

Vostre bon amy, Joyeuse.

Messieurs les Consulz de la ville de Cumynge. — ✝ Sceau.

(Arch. de Muret. — Correspondance des États.)

5. — Commission de Joyeuse aux consuls.

Guillaume, vicomte de Joyeuse, lieutenant général pour sa Majesté au pays et gouvernement de Languedoc, aulx consulz de la ville de Cumynge, salut.

Pour ce que sa Majesté désire sçavoir de quel nombre de ses subiectz aptes à porter armes elle se pourra ayder en cas de nécessité, à ceste cause nous vous mandons et ordonnons par ces présentes d'en faire la discution par toutes les villes et lieux de vostre diocèze, et sçavoir en quel équipaige ilz sont, soit d'armes ou cheval, et en dresser les roolles lesquelz vous nous envoyerés au plus tost que fère ce pourra, mettant à part et séparément ceulx de la religion catholique, et en ung autre roolle ceulx de la religion prétendue refformée. De quoy fère vous donnons pouvoir et commission.

Donné à Béziers, le XXIIIe jour de juillet 1568.

Joyeuse.

Par mond. seigneur : Prévost. ✝ Sceau des Joyeuse.

(Arch. de Muret. — Correspondance des États.)

6. — Description des catholiques dans la chatellenie de l'Isle-en-Dodon.

« L'an 1568 et le 24e jour du moys de juilhet, en la ville de l'Isle-en-Dodon, par nous Jehan Savinhac, Dominique Micon, Bernard Cassaigne et Jehan Lacaza, consulz de lad. ville, suyvant la commission envoyée par noble Blaise de Monluc... dattée du troisiesme juilhet 1568, contenant mandement et enjonction de fère inhibition à toutz ceulx de la comté de Comenge ne molester aulcunement ceulx de la préthendue religion refformée, et à ceulx de lad. relligion de poser les armes, et de ne soy assembler, n'est que par exprès commandement du Roy nostre sire, néanmoins de faire description tant de la noblesse de lad. comté que de toutz aultres bons, fidelles et catholicques subiectz du Roy, aurions pour executer antièrement led. mandement faict faire proclamation et cryees en lad. ville où estoient lors assemblée la plus part des consulz et conseilhs des villaiges dépendentz de la chastellenie de l'Isle soy treuver le lendemain en icelle ville pour entendre le bon voloyr et mandement du Roy, et icelluy exécuter ainsi que seroit mandé faire.

« Et advenu lendemain 25e dud. moys, après avoir esté de rechef faicte semblable crye, seroient présentés par devant nous, et nostre conseilh assistant, les consulz des lieux de Lilhac, Salerm, Montbernad, Agassac, Martissère, Mirambeau, Boyssede, Figas, Nénygan, Lunax, Anan, Coelhes, Chasteaugailhard, Lagarde, Montesquieu, Saint-Ferriol, Guytault, Barran, Mauvesin, Pegulhan, Mondilhan, Saint-Laurens, Frontignan, Ambatz, La Bastide, Puymaurin. Ausquelz a esté remonstrée la teneur de lad. commission, et lecture faicte en leur présence d'icelle, les aurions requis y voloir oubéyr et promptement executer ce qu'estoit mandé fère chescun en son endroict et consulat, et en cas de reffuz et de négligence en aurions protesté contre eulx de toutz despens, dommaiges et intérestz, et de rébellion, leur déclairant que dans le délay de huictaine estoit besoing et nécessaire remectre entre les mains du scindic du Tiers Estat la description, mentionnée en lad. commission, de la noblesse et de toutz aultres bons crestiens et catholiques subiectz du roy, ensemble des armes que sont en lad. comté pour apprès par led. scindic le tout estre apourté aud. seigneur de Monluc, et au résidu en ce que concerne l'inhibition de ne fascher et inquiéter ceulx de lad. préthendue religion de leur fère poser les armes, fère entretenir l'Édict de pacification aux fins que chescun en puisse fère mieulx son debvoir, leur aurions octroyée coppie de lad. commission.

« Lors lesd. consulz desd. villaiges, entendeue la lecture de lad. commission, auroyent offert fère leur debvoir et porter les rolles et dénombremens des habitantz, fidelles et catholiques, et ensemble des armes le plus promptement que fère porront. »

Le lendemain, 26 juillet, Me Pierre Bénac, prêtre de l'Isle-en-Dodon, déclare « tous les habitantz de ceste ville estre bons, fidèles et catholiques, réservé ung Bertrand Méreux, notaire, Jehan Lesbatz et Domeug Sales, filz du lieu de Montbernard, bien est vray que Guilhem Saint-Martin et Navarrot Cabanes estoyent de lad. religion prétendeue; mais se seroyent réduictz et faictes leurs pasques ». Cette déclaration est confirmée par Jacques Cortiade, de l'Isle-en-Dodon, qui requiert que les huguenots de cette ville se dessaisissent de leurs armes. « Et incontinent a comparu led. Lesbatz, lequel... a dict ne voloir contrevenir aux édictz et ordonnances du roy, et se veult rendre oubéyssant et rendre les armes, déclairant qu'il n'y a point aulcuns hommes, ny femmes de haulte ou basse condition qui soyent famés, notés, ny attaqués de la préthendue nouvelle religion, ains tous vivent comme bons fidelles catholiques ». Nul village où l'on ne tienne quelques armes et où l'on ne distingue des hommes capables d'aller en guerre servir le roi. A Saint-Laurent on spécifie que ledit lieu « a plusieurs halabardes, arbalestres, bordons ferrés, espées et aultres harnoys pour le service du roy nostre sire et dudit s^r de Monluc, lesquelz bailheront et feront pourter aux acistans habitans dud. lieu de Sainct-Laurens quand en seront mandés et requis[1] ».

Cette note de fidélité au catholicisme et de dévouement au roi est partout en Comminges en 1568. Nous l'avions déjà reconnu dans la première partie de cet ouvrage : les documents analysés ci-dessus fortifient notre assertion[2].

[1] Montesquieu, Nénigan, Salerm, Lunax, Lagarde, Coueilhes, Anan, Agassac, Castelgailhard, Frontignan, Mauvaisin, Montbernard, Barrau et Lilhac ont des cahiers semblables aux archives de Muret.

[2] Les États réunis dans le couvent des Jacobins de l'Isle-en-Dodon, le 14 décembre 1568, déclarent au roi : « Qu'ilz sont très humbles subiectz, fidelles et très obéyssans serviteurs, prestz de exposer leurs vies et biens pour son ser-

*
* *

A ce document se trouvent annexés les cahiers de la « description » des catholiques et de leurs armes dans la châtellenie de l'Isle-en-Dodon. L'affirmation générale est que nulle part dans ces villages on ne trouve des huguenots en résidence. Ce fait est constaté en phrases naïves. Ainsi, disent les consuls de Figas, dans ce lieu « ne y a aulcung quy aye esté suspectionné de estre de la prétendue et réformée religion, ains vivans catholicquement et suyvant la Esglise romaine ». A Saint-Ferréol tous les « chefs de maison des manans et habitants » sont assemblés et se déclarent « bons et fidelles catholicques ». Noble François de Comenge, seigneur de Guitaud, est justement qualifié « bon crestien » par les consuls de sa « directe ». A Mondilhan tous sont catholiques et nul n'a porté « armes contre la coronne du Roy de France ». Le seigneur de Péguilhan « est bon et ferme catholicque et est lieutenant de monsieur le goberneur de Tholose ». Celui de Boissède « est homme d'armes de la compagnie de M. de Bellegarde ». Les habitants de Puymaurin offrent au roi leur outillage de guerre « pour empescher que ceulx de la novelle religion ne puissent reprendre les armes et avec icelles se joindre avec leurs chefs ». Ils jurent solennellement la sainte Union sur le *Te Igitur* et croix, « publiquement, en la place commune dudit lieu ». A Polastron de Bourjac tous les chefs de maison et leurs familles « sont bons fidelles catholicques et en tout led. lieu, juridiction, distroict et consulat d'icelluy n'en a d'aultres que ung espée et dague, et sy l'on les veult offre les bailher, et veult fère service au roy ; est vray qu'il avoit une arquebouze laquelle vendist à Montauban pour huict testons ».

« Led. Merenx en mesmes instant a compareu lequel a dict n'avoir jamais porté armes contre le roy comme a faict apparoir par attestatoire, moins a de aulcunes armes à feu, sy n'est l'espée et une halebarde vieilhe, laquelle a offert mectre entre nos mains et voloir exposer ses vie et biens pour le service de sad. Majesté, et bailher sa confession et foy par escript et la signer, et s'est soubzmis à la peyne d'estre pendeu où adviendra sédition de son costé, et veult vivre et se conformer suyvant le bon voloir du roy, et vivre en paix, requérant les consulz luy fassent déclaration s'ilz le veullent en rien préjudicier à l'exercice de lad. religion, protestant de l'infraction de l'Edict de lad. paciffication ».

« Par nous consulz susditz a esté respondeu ausd. Lesbatz et Merenx que n'entendions contrevenir aux édictz et ordonnances du roy, ains y

vice et soubstenement de sa corone en la foy et religion chrestienne de l'Esglise catholicque, apostolicque et romaine en laquelle les gens desd. Estatz ont promis et juré vivre et mourir, supplians très humblement sad. Majesté les y vouloir conserver et maintenir comme les feus rois de France, de bonne mémoyre, et sad. Maiesté, roys très chrestiens... les y ont conservés et maintenus ».

vollions oubéyr entièrement comme ses vrays fidelles subiectz et catholiques : mais en ce que nous estoit commandé fère poser les armes à ceulx de la religion préthendue refformée leur estoit faict commandement d'icelles remetre entre nos mains par tout le jour, à peyne d'estre déclérés rebelles, et cependant sera faicte par nous description des hommes habitantz de nostre ville, vrays fidelles et catholiques, et de leurs armes, suyvant la teneur de la commission dud. seigneur, faisant inhibition à toutz personnaiges de ne inquiéter ou molester ceulx de lad. préthendeue religion, à peyne de rebellion, et ausd. de la religion de vivre en paix et doucement, de ne soy assembler avec armes sy n'est par exprès mandement du roy notre sire, ou son lieutenant le sieur de Monluc, à peyne d'estre punys de peynes contenues en lad. commission.

« Et le mardy 27e jour des moys et an susditz, par devant nous consulz susd., dans nostre ville de l'Isle, se seroyent présentés les consulz des villaiges de lad. chastellenie et chescun pour son regard auroyent produictz par devers nous leurs rolles et descriptions de personnes et armes de la qualité susd. que sont cy attachés avec les autres piesses...

« En foy de quoy nous sommes soubz signés :

« De Mycon, *consul susdit.* — Bernat Cassanha, *consul susdit.* »

*
* *

A la suite de ce curieux procès-verbal vient le dénombrement des habitants de l'Isle-en-Dodon et des armes que chacun d'eux peut fournir. Sauf de rares exceptions, tous possèdent en leur logis une arquebuse, une halebarde ou une pique, quelques-uns une arbalète. Les Jacobins ont six arquebuses. Certains habitants aisés, dépourvus d'armes, sont taxés. C'est le cas du recteur : « M. le recteur de l'Isle doibt fornir une arquebouze ». Ces lignes terminent le dénombrement : « Toutz les susditz habitantz de lad. ville sont vrays fidelles et catholiques subiectz du roy, et ne y avons treuvé aulcun de la préthendeue religion refformée n'est que Bertrand Mereux, Jehan Lesbatz et Domenc Sales comme à plain résulte par nostre procès-verbal, etc...

« Faict à l'Isle, le XXVIe jour du moys de julhet 1568.

« De Mycon, *cons. susdit.* — Bernat Cassanha, *consul susdit.* »

(Arch. de Muret. — États de Lombez. 10 août 1568.)

7. — Description des catholiques dans la chatellenie d'Aurignac.

Dénombrement des manans et habitans de la ville d'Aurignac bons, fidelles et catholicques, et subiectz du Roy nostre sire, ayant bon vouloir fère service audict seigneur que par devant vous très honoré seigneur Monsieur de Monluc, lieutenant général du Roy en Guyenne en absence de monsgr le prince de Navarre, baillent les consulz de ladicte ville d'Aurignac par vous à ce commys et depputés, lesquels suyvant vostre commission ont assemblés les habitans de la ville d'Aurignac dimenche vingt-cinquiesme jour du moys de julhet mil-cinq-cens-soixante-huict, tous d'ung commun accord ont attesté comme la vérité est, et nous dits consulz attestons que tous les manans et habitans de la ville d'Aurignac sont bons, fidelles catholicques, subiectz du Roy, prestz à luy fère service, personne, corps et biens tant que pourront, et chascun s'est esforcé et s'esforce se garnyr d'armes pour son service et non aultrement.

Et à cause que cy-devant ne y a heu ung seulement de la prétendeue religion refformée qu'elle se dist, les habitans bons, fidelles et catholicques n'ont esté mys nom pour nom, car fauldroict les y mectre tous jusques aux enfans.

Pour le regard de l'arnoys par devant le seigneur de Roquefort mesme commissaire et a mesmes fin a esté faicte déclaration :

Cy avons mandés tous les vilaiges de la chastellanye d'Aurignac lesquelz assemblés en la mayson commune de ladicte ville jeudy vingt-neufviesme desdictz moys, et après avoir entendeue ladicte commission ont dict :

Sçavoir, Arnauld Dalan et Jehan Dabbadie, consulz du lieu de Montdavezan, pour les manans et habitans dudict lieu ont dict et attesté n'avoir aulcun gentilhomme résident en leur lieu ; mais noble Jehan de Martres, seigneur de Gensac, prend quelque droict aud. lieu, et Chandrès Darbas, de Casères, prend la part du Roy, et sont tous fidelles catholicques, aussy ont dict que audict lieu de Montdavezan les habitans d'icelluy lieu sont tous bons fidelles catholicques et subiectz du Roy, ayant bon vouloir luy fère service et sans qu'il en y ayt aulcun suspect de ladicte nouvelle religion, et les habitans dudict lieu, sans nul exempter, ont prest leur arnoys que leur a esté commandé par ledict seigneur de Roquefort.

Déclaration identique fournie par les consuls dont les noms suivent : Jehan den Poey et Johannot de Casties, consuls de Francon. Jean de Mauléon est le seigneur, à ce moment, « de jeune eage ». — Jehan de Nostenx et Ramond den Poey, consuls de Samolhan. Seigneur : noble Jehan de Saman. — Blaise Darbon et Arnault Dignat, consuls de Baissas [*Bachas*]. Leur seigneur est M. de Fontanylhes. — Jehan

Caris, Guilhem de Dardignac, Anthoine de Noan et Miqueu de Dardignac, consuls de Montolieu. Seigneur du lieu : le roi, toutefois « bien y est le seigneur de Myrapoix et le seigneur deu Vergès qui sont parrochiens et viegnent [*viennent*] à leur esglise ». — Miqueu Dartigues et Pierre Gares, consuls de Bossau. Seigneur : M. de Fontanilhes. « Quant aux armes le seigneur de Roquefort a le dénombrement et sont pretz, et les offrent pour le roy et son service. » — « Les consulz de Montault n'ont comparu. » — Jehan Cazanave et Bernard Roses, consuls de Bosin. Leurs seigneurs sont noble Jehan de Vize, seigneur de Saint-Elix, et l'abbé de Bonnefont qui « ne habitent sur le lieu ». — Pey de Montossé et Jehan Loze, consuls d'Ausas. Seigneurs : M. de Roquefort et l'abbé de Bonnefont. — « Lyret Serbie et Anthony du Pin, consulz du lieu du Propriary et Gotte de Gontault. » Seigneur : l'abbé de Bonnefont. — « Jehan Bosin, consul du lieu de Sainct-Martoire, a dict que en leur lieu ne y a aulcun gentilhomme pour ce que le seigneur de Tayan leur seigneur est mort, et ne y a que sa filhe, et les habitants sont tous bons fidelles catholicques, etc... » — Jehan Sarlabous, consul de Lestoille. Aucun gentilhomme ne réside en ce lieu; les seigneurs sont le roi et l'abbé de Bonnefont. — De même pour Bauchalot dont le consul est Jehan de Viele, et le conseil est Manauld Dartis. — Guilhem Rosseau et Pierre Tambareau, consuls de Castillon. « En leur lieu ne habite aulcun gentilhomme que noble Jehan de La Tour, cappitaine, qui est fidelle catolicque, et leur seigneur est le s[gr] abbé de Bonnefont. » — Arnauld Bonnet et Bertomieu Vinsoneau, consulz du lieu de Bortolin et Lendorthe. Seigneur : Gaston de Latour « à l'achapt qu'il en a du Roy ». — Ramonet Charrie, consul d'Estancarbon, dit que « noble Jehan de Mauléon est leur seigneur, et de Francon, et noble Ysabeau de Mauléon ». — « Les consulz du lieu de Lieux [*Lieoux*] n'ont tenu compte de comparoir ». — Jean de Bordes, consul de la Tour. Coseigneurs : nobles Bézian de la Tour et Jehan de Gestas. — Guilhem Daran et Guilhem Lomaigne, consulz de Saint-Marcet, déclarent « que le roy est leur seigneur qui a vendeue la seignorie à noble Odet de Gestas... ». — Barthélemy Bascans, consul de Tournas, dit que « noble Jehan de Vize, cappitaine d'Aulon est leur seigneur ». — Arnauld Lobefossa et Bertrand de Saintgès, consuls de Laloret. Seigneur : M. de Roquefort « pour quelque droit » qu'il y prend. — « Les consulz du lieu de la Petite-Fitau n'ont compareu ».

Guilhem de Vidailhet, consul de Gensac de Comminges, dit : « que le Roy est seigneur pour la moytié et noble Anthoine de Mauléon est coseigneur pour l'aultre moytié ». — Jean Darribère, consul de Charlas, dit « qu'en leur lieu ne y habite aulcun gentilhomme et quant [à ce] qu'est à leur seigneur, ne le sçait pour ce que le seigneur de Byron et mons[r] de Montagut playdent la seignorie et ne habitent aud. lieu ». — Bertrand Deries, consul de Saman. Seigneur : noble Jehan de Saman. — Hodet deu Rieu, consul de Saint-Lary, « a dict que damayselle Françoyse de Comenge est seignoresse ». — Bernard de Casterès, consul de Montgalhard. Coseigneurs : Mr de Biron et Mr de Montagut. — Jehan Sogne, consul de Seadous, déclare « comme le consul de Montgalhard et nommés les mesmes seigneurs ». — Ramond de la Morelle, consul d'Escauecrabe. Seigneur : Mr de Benque. — Domenges Carrère, consul de Castera. Seigneur : Mr de Benque. — Guilhem de la Rieu et Ramond de la Morelle, consuls de Vignoles. Seigneur : Jehan de Sère. — Arnauld Malho et Guilhem de Cazangrand, consuls d'Esparron. Mr de Benque est seigneur. — Guilhem Daneyan, majour (*aîné*), et Bertrand Dusac, consuls de Saint-André. La seigneurie appartient au roi; mais « en leur consulat habitent de gentilhommes, sçavoir noble Pierre Darcizas, seigneur de la Broquère, noble Guirauld d'Arcizas, seigneur de Labatut, le chanoyne d'Extauxan et noble Louys d'Extauxan, cappitène d'Extauxan ». — Ramond Arroède, consul, et Guilhem Ferrère, conseil [*le lieu n'est pas indiqué*], « ont dict qu'ilz ont leur seigneur le seigneur de La Bastide et noble Paul Dalbigoys, seigneur de Cabycon ». — Jehanot de Cazaentre et Jehanot de la Jus, consuls de Benque. Seigneur : noble Odet de Benque. — « Jehan den Poey et Jehan Myro, consulz du lieu de Payrissas ». Ils déclarent « que leur seigneur est de Parys, que ne cognoissent, et est appellé le Prieur de Payrissas ». — Jehan Damylhac, consul de Martignan. « Madame l'abbaesse de Fabas est leur seignoresse ». — Bortolom Laborie, Arnauld Vergier et Guilhem Verdier, consuls de Lussan. Seigneurs : M. de Fontenilhes et l'abbesse de Fabas. — Arnauld Dangla, consul de Cadelhac, dit que « le sr baron de Fontanylhes est leur seigneur ». — Domenges de Genos et Jehan de Lecussan, consuls de Montagut. M. de Benque est seigneur. — Miqueu de Crastres et Arnauld Perès, consuls de Montossin. Seigneur : Bernard de Noé. — « Les consuls d'Aust n'ont compareu, ny aulcun pour eulx ».

(Arch. de Muret. — États de Lombez, août 1568.)

8. — Déclaration des consuls de Sayguède.

Les consuls du lieu de Sucguède, juges pour le Roy nostre sire aud. lieu, à tous ceulx qui ces présentes verront, salut.

Sçavoir faisons et attestons que suyvant le double de la commission à nous envoyée du sr de Monluc... avons faicte recherche et description par tout led. lieu et villaige s'il y auroyt aulcun habitant d'icelluy souffizant et capable pour pourter armes pour le Roy nostre sire si la nécessité se présentoyt au faict de guerre, auquel lieu pour raison de la pouvretté d'icelluy ny aurions treuvé aulcun habitant armé d'aulcun harnois servant en guerre sinon ung nommé Alyes Delacaste, lequel auroit esté treuvé pourvu d'une espée et alabarde souffisant et capable pour faire service à la Majesté dud. s[r], crestien, catholicque, vivant suyvant la Esglise romaine, et n'y avoir aud. lieu aulcun suspect de la religion prétendue.

En foy de ce avons expédié ces présentes, aud. lieu de Sucguède ce 1er jour de aoust 1568.

Du mandement desd. consuls et conseil : PÉGURIER.

Côte : « 1568. — Attestatoire de Sauguède des gens habilles à porter armes ».

(Arch. de Muret. — États de Lombez, août 1568.)

9. — DÉCLARATION DES CONSULS DE FROUZINS.

Nous Laurens Casaulx, Jehan de Lavigne et Pierre Duparc, consulz la présente année du lieu de Frouzin, à toutz ceulx qui ces présentes verront, salut.

Sçavoir faisons et attestons que en ensuyvant certaine coppie de commission à nous envoyée et par nous receue avec honneur et révérence de la part de monseigneur de Monluc... gouverneur en Guyenne pour sa Maiesté, en absence de monseigneur le prince de Navarre, touchant la descreption de la noublesse de la comté de Commenge et aultres catholicques, et de leurs armes, en ce qui concerne le lieu de Frouzin, déclarentz lesdictz consulz en ycelluy lieu n'avoir aulcung de la noblesse pourtant armes, sinon noble Jehan du Maynial, leur seigneur dudict lieu de Frouzin, lequel faict sa résidence et habitation dans la ville de Tholose, et illec faisant son service de rière ban de la diocèse dud. Tholose, comme bon, fidelle et catholicque.

Et pour le reguard des aultres catholicques du nombre d'iceulx qui peuvent pourter armes et habitans dudict lieu sont du nom et surnom comme s'ensuict :

Premièrement, Bertrand Lavigne, consul, Nycolas Byasson, Jehan Delpech, Bertrand Bordes, Arnauld Sert; les toutz chescuns dessus nommés armés d'espée et dague et arquebuze, lesquelz ont promis faire bon et loyal service à Dieu, au Roy nostre souverain et très chrestien prince Charles, et ainsin l'ont promis et juré l'ung après l'aultre par sèrement par nous dictz consulz à eulx et chescung d'eulx administré.

Et si avons faict après recherche par ledict lieu de Frouzin s'il y auroict aulcung de la nouvelle et prétendue religion et qu'il ne feust de la dicte religion catholicque, n'aurions treuvé sinon ung nommé François... [*en blanc*], serviteur de ung nommé mons[r] Prevost, procureur en la court de Parlement à Tholose, lequel tient sa famille aud. lieu de Frouzin. Et quant à aulcuns aultres, n'en sçavent poinct qu'il en y aye poinct des habitans aud. lieu de Frouzin qu'ilz ne soient bons, fidelles catholicz et à la hobéyssance de Dieu et du Roy.

En foy de quoy avons faict faire expedier ces présentes par nostre greffier soubz signé et scellée[s] de nostre scel acoustumé.

Donné à Frouzin le 5e jour du mois d'aoust an 1568.

De mandement des susd. consuls : A. Casaulx, *greffier.*

(Arch. de Muret. — États de Lombez. août 1568.)

10. — Nomination de commissaires pour la description des catholiques dans les chatellenies.

Le xe jour d'aoust 1568 par devant le R. P. en Dieu Monsr de Lombez et dans la salle de sa mayson épiscopalle, en la ville de Lombez, comparant M. Reynès, commis par la ville et chastellenie de Muret, dict que à l'assemblée dernière, au moys de juillet dernier, par mandement et commission du s[r] de Monluc [il] a faicte lecture de l'acte et description pour lad. ville et chastellenie et pour le reste des villes de la chastellenie. Samathan dict que de mesme commission et mandement dud. sieur de Monluc ayant commancé la description, a esté retardé et surcys, attendant la commission dud. s[r] de Lombés..... et se sont résolus après, entendre la responce de Messrs de l'Esglise et Noblesse. Feront leur debvoir.

Mr Villa, vicaire de M. de Couserans, pour led. s[r] évesque est chargé de se employer, sa vie et ses biens, pour soubstenir l'honneur de Dieu, du roy et maintenir le peuple catholicque. M. Pontic, par le dire de M. le vicaire, en mesme fraternité que chascung de l'assemblée; veult vivre et morir soubz le vouloir du roy.

Après la foy, promesse et serment, par mandement dud. s[r] de Lombez commissaire, a esté faicte lecture de la forme et instruction à faire la fraternité.

Reynès a promis dans troys jours. S'est chargé pour les villages rendre l'acte nécessaire.

L'Isle, qu'il a baillé ès mains du sindic du Tiers Estat et satisfaict suyvant le mandement et commission dud. s[r] de Monluc esforçant faire aultre ou plus grand debvoir s'il est besoing.

Samathan a nommé le s[r] de la Bastide pour prieur sans forme de gouverneur ny tiltre.

L'Isle, le capitaine Bayauld, de mesme.

La conférence est déclarée sera faicte par les chefs des chastellenies.

Monsieur le commissaire ordonne que le s[r] de Sauveux [sera] pour la chastellenie de Muret.

Pour Samathan, noble Denys de Mauléon, s[r] de la Bastide.

Pour L'Isle, Mous[r] de Lamezan.

Pour Aurignac, le s[r] de Péguilhan.

Pour Sainct-Julieu, le s[r] de Genssac.

Pour Salyes, le s[r] de Roquefort.

Pour Castilhon, noble Mathieu du Pac, s[r] de la Salle et capitaine de Castilhon.

Pour Fronssac, le s[r] de Barbazan.

Pour Aspect, le s[r] de Sala (?), baron d'Encausse.

Pour Bagnères, le s[r] de Sainct Paul de la valée de l'Œil.

Pour Lombez, le s[r] de la Ylhère.

Pour Sainct-Lézé, le sieur de Rezès.

Lesquels députtés ne excèderont en rien le faict de la commission dud. s[r] de Lombez, commissaire, auxquels sera baillée coppie de sadicte commission et règlement.

Pour le diocèse dud. s[r] de Lombés, le s[r] du Bézeril.

L'an mil cinq cens soixante huict et le pénulthiesme jour du mois de juilhet, Nous Pierre de Lancrau, évesque de Lombés, en ensuyvant la commission à nous dressée par le s[r] de Monluc, chevalier de l'ordre du roy, capitaine de cinquante hommes d'armes, etc... en datte du XXVIe jour dud. moys, avons par nos lettres missives commandé au greffier des gens des Troys Estatz de ce pays et comté de Comenge advertir iceulz Estatz se trouver par devant Nous en nostre mayson épiscopale de lad. ville de Lombez pour voir faire la description en toutes les chastellenies dud. comté de Comenge et paroisses de nostre diocèze, et à icelles commettre telz personnaiges que besoing sera pour faire lad.

description et confédération, en forme de confraires, des bons catholicques vivans suyvant l'Esglise romaine soubz l'obéissance du roy Charles nostre souverain prince et seigneur, et à ces fins estans assemblés le xe jour du moys d'aoust les gens desdits Estatz, 1568, dans nostre mayson épiscopale, soubz signés, et ayans présenté personnes et biens pour soubstenir l'honneur de Dieu et la grandeur, majesté et réputation de la Coroue de France, avons commis et députtés à faire ladicte description, sçavoir pour les villages de la chastellenie de Muret, le sieur de Sauvenx; pour la ville et chastellenie de Samathan, noble Denis de Mauléon, sieur de la Bastide. Pour la ville et chastellenie de l'Isle en Dodon, le s^r de Lamezan, etc. Lesquels ne pourront excéder les fins et limittes de notre dicte commission, et pour n'en prétendre ignorance leur en sera baillé coppie, ensemble des instructions à eulx communicquées sans que, pour ce, ilz en puissent espérer aultre récompense, fors les fraiz de bouche.

(Arch. de Muret. — États de Lombez, août 1568.)

11. — Commission de Monluc au juge de Comminges.

Blaise de Monluc, chevalier de l'ordre du Roy, etc... au juge de Comenge ou son lieutenant, salut.

Comme il nous ayt esté mandé par le roy faire faire serment aux catholicques et aux autres de la nouvelle Religion prétandue réformée, dont sa Maiesté nous auroit envoyé les formes dud. serment, à ceste cause pour exécuter la volonté de sad. Maiesté vous avons enjoinct et enjoignons promptement envoyer aux juge et consulz de vostre judicature la coppie desd. formes, pour ce que tous les juges et consulz desd. judicatures fassent assembler tous les habitans estans de la Ste Religion catholicque, apostolicque et romaine dans huictaine après que auront les coppies des présentes et desd. formes, le jour de dimanche, chascung en son église parrochielle pour illec entendre la lecture de lad. forme, prester et faire led. serment en la plus grande solennité que faire se pourra, et ce fait, faire, par ung ou deux notaires royaulx ou par le greffier des lieux, escripre les noms de ceux qui auront faict led. serment et iceulx faire signer au pied de la coppie de lad. forme, mettre et escripre le nom de ceulx quy ne sçauront signer, et de tout en faire procès verbal ensemble de ceulx de leurs parroisses qui ne se seront trouvés en lad. assemblée pour faire lesd. semblablement se signer ou faire escripre, et quant à ceulx de lad. religion prétandue réformée, les faire venir dans lad. huictaine par devant lesd. juge et consulz, ez maisons communes des lieux ou autres lieux où la justice se exerce, pour prester led. serment selon la forme à nous envoyée pour cet effect, et aussi en faire procès verbal, et semblablement de ceulx quy n'auront volu faire et prester led. serment, et se signer ou faire escripre, lesquelz procès verbaux enjoignons ausd. [consulz] envoyer par devers vous dans huictaine après, pour le nous faire tenir là part où nous serons, et ce à peyne de desobéyssance.

Donné à Agen le XXVIIe jour d'aoust 1568.

B. DE MONLUC.

Par mond. s^gr, BOÉRY, *ainsi signé.*

Cote : 1568. — Mandement de M. de Monluc pour faire prester serment à ceulx de Commenge.

(Arch. de Muret. — États de Lombez, août 1568.)

XXXV.

1568. — AOUT.

COMMISSION DE B. DE MONLUC AUX CONSULS DE LOMBEZ, SAMATAN, ETC., POUR RECEVOIR LA COMPAGNIE DE LA VALETTE.

Blaise de Monluc... aux sindicz, consuls, jurats, manans et habitans de la comté de Commenge et villes de Lombès et Samathan, salut.

Sçavoir vous faisons que sa Maiesté nous a commandé bailler garnison au s^r de La Valète, capitaine de cinquante hommes d'armes des ordonnances dud. s^r, et pour ce que pour le présent nous n'avons lieu plus commode que lesd. villes et comté, nous vous mandons et commandons, par ces présentes, recepvoir lad. compaignie dud. s^r de la Valète, et leur bailler lougis et vivres nécessaires tant pour eulx que leurs chevalz, en vous accordant toutesfoys avec icelluy s^r de La Valète de quelque honeste taux pour lesd. vivres, et ce jusques que par sad. Maiesté, ou nous, aultrement en soit ordonné, et ce à peine de désobéissance.

Donné à Agen, le XXIIIIe jour d'aoust 1568.

B. DE MONLUC.

Par mond. sr, BOÉRY.

Coppie tirée d'autre signée J. de St-Pierre, par moy greffier des Estatz du pays et comté de Commenge, cy soubz signé. (Ecriture de Georges Galabert, greffier des États.)

(Arch. de Muret. — Correspondance des États.)

XXXVI.

1568. — SEPTEMBRE.

LETTRE DE P. DE BELLEGARDE AUX CONSULS DE SALIES.

Il leur enjoint de tenir prêts les hommes de leur juridiction capables de porter les armes.

Messieurs de consulz, pour ce que les affaires ausquelz nous sommes de présent nous présaigent choses de grand conséquense et incertitude de l'issue d'icelles, est requis et nécessaire tenir prest et préparé tout ce qui nous y peut ayder et secourir, à ceste cause et le requérant le service du roy et seureté publicque, vous prie faire tenir prest tous ceulx qui seront en vostre jurisdiction actes [*aptes*] et idoines pour pourter armes, et ceulx principallement qui aux monstres et reveues que le seigneur de Rocquefforт en feist dernièrement faire feurent couchés au rolle, les constreignans néantmoingz d'avoir les armes qui leur ont esté enjoinctes, et m'asseurant que en ferez vostre devoir ne vous en diray aultre chose seullement prieray Dieu vous donner, messieurs de consulz, avec santé, longue vie.

De Tholose, ce XIX septembre 1568.

Vostre entièrement bon amy, P. DE BELLEGARDE.

Despuis la présente escripte j'ai receu commandement de monsr de Monluc par lequel est pourté qu'il faut marcher, par quoy ne ferés faute bailler cent escutz au seigneur de Rocquefforт pour dresser sa compaignie colonnelle.

A messieurs les consuls de la ville de Salies. A Salies.

(Signat. autographe. — États de l'Isle-en-Dodon, déc. 1568.)

XXXVII.

1568. — SEPTEMBRE.

ARRÊT DU PARLEMENT DE TOULOUSE ENVOYANT LE VICOMTE DE LARBOUST DANS LE COMTÉ DE CARMAING[1].

Les gens tenans la court de parlement pour le roy à Tholose, mandent au viscomte de Larboust soy rendre promptement et à toute diligence en la comté de Carmaing avec le nombre de 200 soldatz harquebouziers pour obéyr à ce que par le comte de Carmaing sera ordonné et s'opposer à l'exécution des desseings, délibérations et entreprinses des rebelles, sédicieulx, ennemys du roy et perturbateurs du repos public relevez en armes, et iceulx, de tant qu'en vous sera possible, rompre et mectre en pièces de sorte que la force demeure au roy, et pour ce faire et porter les fraiz et vivres nécessaires est mandé aulx consuls de lad. comté, baronye de Sainct-Félix, et aulx lieux où lad. compaignie passera, constraindre les habitans et circonvoysins adjacens, et qui ont acoutumé servir d'ayde et supporter les charges, et ce par toutes voyes deues et raisonnables, et arrest de personnes sy besoing est, car de ce faire vous est donné de par le roy et lad. cour plein pouvoir, aucthorité et puissance...

Donné à Tholose, en parlement, le 11e septembre 1568. Collationné. DU TORNOIR, *signé*.

***

Nous lieutenant dud. seigneur viscomte certiffions estre passé au lieu de Montpesat, accompagné de 60 soldatz, les dix à cheval, auquel lieu arrivasmes le mercredi 13e octobre, au soubz escript, sur le soir, et y avons demeuré jusques au sabmedi de matin, jour présent. En foy de quoy nous sommes soubz signé aud. Montpezat, le sabmedi 16e octobre 1568, en vertu de la présente commission, la coppie de laquelle est cy derrière escripte.

DE SENT PASTOR.

(Arch. de Muret. — États de Muret. janv. 1569.)

---

[1] *Alias* Caraman, diocèse de Toulouse.

XXXVIII.

1568. — Septembre.

Arrêt du parlement de Toulouse envoyant le capitaine Riolas a Auzielle, Odars, Escalquens et Saint-Orens-de-Gameville [1].

Les gens tenans tenans la cour de parlement pour le roy à Tholose... certifiés que les rebelles séditieux ennemys du roy et de son Estat ont reprins les armes, se sont saizis de plusieurs villes et villages, et faict dans icelles de grandz, inhumains et cruelz massacres à l'endroict des catholicques fidelles et obéissans subiectz au roy, pour ausquelz rebelles résister, iceulx rompre et mectre en pièces, et empescher leurs malheureux desseings, mandent à Dominique de Pagan, dict le cappitaine Rieullas, soy rendre promptement et à toute diligence aulx lieux Dosville dict Auzielle, Audartz, Esqualquenx et Sainct-Orenx de Gameville, avec la compagnie de 200 soldatz arquebouziers, et pour ce faire et pourter les fraiz nécessaires mandons aulx consulz desd. lieux constraindre les habitans d'iceulx, circonvoysins, adjacens et qui ont accoustumé servir d'ayde à supporter les charges d'icelles, et ce par toutes voyes deues et raisonables, et arrest de personne, sy besoing est, car de ce faire est donné plain pouvoir, auctorité et puissance. Mandons et commandons à tous les justiciers, officiers et subiectz dud. seigneur que vous, ce faisant, obéissent. Donné à Tholose, en parlement, le 14e septembre 1568. — Burnet, *signé.*

*
* *

Nous susdit de Paguan, cappitaine, certiffions à tous que ces présentes verront que le dimanche 24e du présent moys, sommes arrivez au lieu de Montpezat avec nostre compaignie en nombre de 200 soldatz, auquel lieu avons demeuré despuys led. jour jusques au lendemain, jour présent, heure de troys heures après midy que avons deslogé, ayant vescu aux despans des habitans dud. lieu, le tout suyvant nostre commission, la coppie de laquelle

[1] Auzielle et Saint-Orens-de-Gameville, aujourd'hui canton de Castanet: Odars et Escalquens, aujourd'hui canton de Montgiscard (Haute-Garonne).

est de l'aultre part incérée. En foy de quoy nous sommes soubzsignés, aud. Montpezat, le 25e octobre 1568. — Riolas.

(Arch. de Muret. — État de Muret, janvier 1569.)

XXXIX.

1568. — Septembre.

Commission de B. de Monluc au juge de Comminges, pour la levée d'un impôt « sur les plus riches et aisés ».

Blaise de Monluc, au juge ordinaire du comté de Cumenge, salut.

Comme par les Lettres patentes de sa Maiesté données à Bouloigne, le 26e jour du moys d'aoust dernier passé, desquelles la coppie est cy soubz nostre contresceel attachée, il nous est mandé emprunter et cottizer sur les plus riches et aysés de votre judicature, pays et comté de Cumenge avec ses aydes, non comprins Pardiac, la somme de 12.100 liv. t. pour en estre promptement secoreu en ses urgens et pressés affaires, à la charge de faire rembourcer les presteurs d'icelle somme des deniers de la composition de l'amortissement du subcide du vin qui se lèveront durant la prochaine année, commençant le premier jour de janvier prochain, ainsin qu'il est plus à plain déclaré et porté par lesd. pattentes, et d'aultant que sommes occuppés à aultres affaires pour le service de sad. Maiesté, nous vous avons subrogé et subdélégué, et par ces présentes subrogeons et subdéléguons, pour imposer sur les plus riches et aysés dud. pays et judicature et comté de Comenge, avec ses aydes, lad. somme de 12.100 liv. t., laquelle fairés mettre tout incontinent ès mains de Mr Jehan de Maliac, fermier général des finances dud. sr aud. pays...

A Agen, le xve jour de septembre 1568.

B. de Monluc.

(Arch. de Muret. — Dossier de l'impôt sur les « plus riches ».)

XL.

Excès des compagnies de Barbazan dans les vallées d'Oueil, de Luchon et de Layrisse.

La partie des scindicz des consulz, manans et habitans des vallées d'Oeilh, Lusson et Layrisse, au hault pays et comté de Commenge, frontière des royaulmes de Cathaloigne et Aragon, remonstrent à vous Messieurs les gens des Troys Estatz du pays et comté de Commenge comme despuis Nostre-Dame de septembre de l'an 1568 dernier, comme les m[rs] les cappitaines Vinos, m[r] de Coserans, les barons et viscomte de Larbost, Saint-Girons et de Pontejac et aultres en nombre de six ou sept cappitaines sont venus illec pour faire ung bon nombre de leurs compaignyes pour le service du Roy. Ce faict, seroict venus M[r] le capitaine Barbazan, cappitaine soy disant de 300 hommes, lequel auroict commandé à la plus grand part des habitans restans desd. vallées, à la peyne de la corde et de perdre leur vie, ayant faict imposition de la somme de cent escutz sol seur la chastelanie de Frontignes, de plom, corde et pouldre, lesd. troys vallées se seroient assemblées et fondé scindicat pour aller remonstrer ce que dessus à la court supprême de parlement, ou bien aux seigneurs de Monluc ou de Bellegarde, là où ayant treuvé les scindicz qui alloient remonstrer les affaires susd. ausd. s[rs] ou à l'ung d'iceulx, ce seroict led. s[r] de Barbazan avecques le nombre de sept ou huit cents hommes armés, qui auroict prins lesd. scindicz, batus et frappés, prinses leurs montures, acostremens, argent, espées et dagues, ce faisant ataichés et liés.

Ce faict, led. s[r] de Barbasan avecques sad. troppe allés à Baignères-de-Lusson et ausd. vallées, et demuré illec troys jours, dont il a royné le poubre pays, lequel comme sçavés est pays boussu, monteulx et infertille de bledz et de vins. Ce faisant constitua prisonniers les consulz, scindicz et aultres apparens des habitans de Baignères et les a mys en prison au chasteau royal de Fronsac, et illec faict demeurer sans voir soleilh ny lune l'espasse de quinze jours completz, et puis après par force et constraincte les admener à la guerre, les menasser les fère pendre et faict ransons la somme de cent livres, oultre la somme de 28 escutz pistolletz et demy que leur feust prinse quant les dessus nommés furent mis à Fronsac, au chasteau. Aussi a il prins arcabouzes et aultres armes des habitans desd. vallées dont le pays en demeure desproveu d'armes, combien que le pays soiet frontière d'Espaigne.

Ce faict et remonstre au moys de décembre dernier, par mandement dud. s^r^ de Barbasan seroict veneu esd. vallées ung nommé Jehan Sapène, de Bercunhas, aud. Lusson, et Me Arnauld-Guilhem Ricard, notaire et substitué du procureur du roy esd. vallées, et castellain de Frontignes, pour d'arrechiefz commander gens aller à la guerre au service du Roy, à peyne de la corde et de la vie, les constraignent à ce faire par prinse de leurs personnes, les faisans ransons d'argent à plusieurs, et à aultres les faire quitter leurs arquebouses et aultres armes, et d'aultres tors et griefz par led. s^r^ de Barbasan faictz et sa compaignie en temps et lieu à déclairer, et ainsin est mis par faict positifz et soubztenable.

Par quoy conclud que veu se que dessus, que le pays leur doibt demeurer ausd. folles et renvorser icelles, lesquelles seront baillées et déclairées par rolles, et cependant en tant que besoing pour avoir de ce dessus, que le scindic général de la comté praigne la cause avecques les scindictz desd. vallées, etc...

De Soccaret, *scindic susd. ainsi signé.*

*
* *

Les habitants du village de Gaud reprochent à Barbazan, dans leurs *Doléances et plaintes*, de ne s'être pas contenté des vivres consommés sur place. Ses hommes ont pris et emporté « poraillhes, tessons [*porcs*] et aultres choses ». Outre cela, ils ont exigé sept testons de poudre. Le mal causé à Gaud par le fait des compagnies a été augmenté par un odieux procédé des habitants de Sierp. Ceux-ci « toutz en armes, arcabuses, alabardes et mèches allumées, et aultres arnois, comme se faisant contre l'ennemy », sont venus piller le village de Gaud. Afin d'éviter plus grand scandale on a dû les payer « pour aller despandre et fère grand'chière » chez eux. Le cahier de Bagnères-de-Luchon énumère les frais d'entretien ordinaires et signale quelques excès. Ainsi les soldats du capitaine Barbazan ont volé à Sapène « une rondelle, une assiette d'estaing, ung debas de chausses et ung moton... » François Carrère s'est vu enlever épée, ceinture, « couvre chief » et un couteau. A un autre on a volé quatre fromages et trois quartiers de lard. Martin Caseneuve, consul de Luchon, spécifie son indue détention dans le château de Fronsac. Son collègue en consulat, Bertrand Soccaret, a été des plus maltraités. On lui prit « une arquebouze, ung rouet, ung corselet, une lance, espée, dague, deux serviettes, une chemise, deux couvrechiefz, ung ristre, unes bottes, unes pantofles, deux charges d'avoine ». Saisi avec Caseneuve au moment où il allait réclamer la justice de « Monsieur de Monluc », on prit à lui et à son compagnon leur monture évaluée cent livres. Ils entrèrent au château de Fronsac sous une pluie de coups auxquels Barbazan lui-même paraît avoir contribué : ils furent « fort bien baptus et frappés ». A Junset, Antignac, Saint-Mamet, à Bourg-d'Oueil, chétif village « de dix-huict maisons », à Mairègne, se sont réalisés les enlèvements, familiers aux bandes, des divers ustenciles de guerre. Toutefois un habitant de Saint-Mamet, nommé Bertrand Darriba, auquel on réclamait son arquebuze déjà livrée par lui pour le service du roi, dut promettre quinze livres en remplacement, vu la menace d'être attaché « à la cue [*queue*] » de son cheval !

C'et échantillon des procédés des compagnies en vagabondage dans nos régions pyrénéennes justifie la terreur qu'elles causaient aux populations. A peu de chose près, hommes de guerre en livrées et huguenots authentiques étaient des fléaux également redoutables [1].

XLI.

1568. — Septembre et Octobre.

Pièces relatives a Mathieu de Panassac, gouverneur de Muret.

1. — Lettre de Pierre de Bellegarde aux consuls de Muret.

Messieurs les consulz. Monsieur le présidant et moy vous envoyons mons^r de Panassac pour commander dans vostre ville de Muret pour la garde d'icelle ayant esté advertis que les ennemys et rebelles à sa Maiesté qui sont dégia en campagne s'en vouloient aulcunement saysir et emparer, dans laquelle vous ne ferez faulte de le recevoir, obéir en ce qu'il vous commandera pour le service du roy et tuition de lad. ville, luy administrer bons lougis et vivres tant pour luy que ses gens, et ce sera aux dépans de toute

[1] Voy. pour tous les faits ci-dessus analysés : États de 1569. Sur la cote du document on lit ces lignes de l'écriture de Galabert : « L'original de ces pièces a esté baillé à M. Cambornac, consul, qui les a envoyées à M. Pontie, scindic, son compaignon, pour les porter avec les autres actes à M. de Valence », c'est-à-dire à Jean de Monluc.

la chestellenie que nous ferons randre à ce contribuable, et espérans que n'y voldrés fallir, je ne la vous feré plus longue que de prier Dieu que vous ayt, Messieurs les consulz, en sa saincte et digne garde.

Escript à Tholose, le VIIIe de septembre 1568.

Vostre bien bon amy, P. DE BELLEGARDE.

Et sur le repli est escript : *A Messrs les consulz de la ville de Muret.*

Cote : Coppie de la lettre missive du s^r^ de Bellegarde dressée aux Messrs de consulz de Muret pour recevoir le s^r^ de Panassac, le VIIIe septembre 1568.

2. — COMMISSION DE P. DE BELLEGARDE A M. DE PANASSAC.

Pierre de Bellegarde, s^r^ dud. lieu, chevallier de l'Ordre du Roy, etc., au seigneur de Panassac, salut.

Considérant de quelle conséquance et importance seroit si l'ennemy du roy se pouvoit emparer de la ville de Muret, avons advisé soubz la conduicte de quelque bon chef y mettre telle force qu'est nécessaire pour la seureté de lad. ville et pour rompre les desseings et entreprinses que l'ennemy pourroit contre icelle dresser.

A ceste cause, bien asseurés de voz sens, vaillance, expériance et fidélité, vous avons commis, députté et ordonné, commettons, députtons et ordonnons par ces présentes, pour aller dans lad. ville et y commander en toutes choses qui concerneront le service du roy, vous permettant pour cest effect prendre tant de lad. ville que lieux de la chestellenie d'icelle six vings hommes des mieulx aguerris, armés et équippés que pourrés trouver, contraignant lesd. habitans à les bailler et entretenir par toutes voyes deues et raisonnables, et par emprisonnement de leurs propres personnes, si besoing est, lesquelz néanmoings pourront faire département en lad. chestellenie et ville à raison de la bolugue, de tout ce que sera nécessaire pour l'entretènement desd. six vingtz hommes, mandons et commandons aux consulz dud. Muret et autres qu'il appartiendra vous obéyr ez choses qui se présenteront pour le service du roy, à peyne de désobéissance, vous administrant lougis et vivres.

Donné à Tholose, le dernier jour de moys de septembre 1568.

P. DE BELLEGARDE.

Par mond. seigr : E. AGUT, *ainsin singné.*

Cote : Coppie de la commission du sr de Panassac pour la garde de la ville de Muret.

3. — COMMISSION DE M. DE PANASSAC POUR LA LEVÉE DES HOMMES DESTINÉS A LA GARDE DE MURET.

Jacques-Mathieu d'Espaigne, baron de Launaguet, sr de Panassac, Seysses et autres places, au premier sergeant royal ou autre sur ce requis, salut.

Comme après ce que aurions esté commis à la garde et gouvernement de la ville et chestellenie de Muret par noble Pierre de Saint-Lary, sr et baron de Bellegarde, chevallier de l'Ordre du Roy, cappitaine de cinquante hommes d'armes de ses ordonnances, gouverneur en la ville de Tholose et lieutenant surrogé par monsieur de Monluc en la haulte Guyenne, pour la seureté de lad. ville et obvier aux desseings et entreprinses de l'ennemy du roy, nostre seigneur, eussions commandé aux consulz des lieux et villaiges de lad. chastellenie envoyer en icelle ville de Muret le nombre de six vingtz arcabousiers comprins ceulx de lad. ville, fornist suyvant le département que en a esté faict, sçavoir le lieu de Mauzac six hommes et demy, le lieu du Faugua cinq hommes, le lieu de Saint-Amans deux hommes, le lieu de Sauveux troys hommes et demy, le sr de Pins pour Longuebrune demy homme, le lieu de Roquetas ung homme, le lieu de Roquas troys hommes, le lieu de Frouzins troys hommes et demy, le lieu de Fontanilhes troys hommes et demy, le lieu de Sauguède troys hommes et demy, le lieu de La Bastide de Cabrifulhet ung homme, le lieu de Saint-Ylaire deux hommes, le lieu de Vilanoveta demy homme, le lieu de la Casse quatre hommes, le lieu de Vernoza cinq hommes et demy, le lieu de Pocharramet six hommes et demy, le lieu d'Esperès ung homme, le lieu de La Bastide de Foelheux six hommes ung cart, le lieu du Bosc de la Peyre deux hommes ung cart, à quoy aulcuns desd. lieux n'auroient obéy, que pourroit causer grand perte et dommaige.

Pour ce est-il que nous vous mandons, et en vertu de nostre commission commandons, fère exprès commandement auxd. consulz desd. lieux de lad. chastellenie envoyer led. nombre desd. soldatz soldoyés à lad. ville de Muret, des mieulx aguerris, armés et équippés qu'ilz pourront trouver chascun pour son regard, comme cy-dessus est déclairé, incontinent et sans délay, et à ce ne faire faulte, à peine de cinquante livres, moytié au roy et l'autre moitié aplicable à la réparation de lad. ville, et d'estre déclairés rebelles à la maiesté du roy. Mandons et en vertu du pouvoir à nous donné commandons à vous, ce faisant, estre obéy et presté main forte si besoing est.

Donné aud. Muret, le pénultiesme jour du moys d'octobre mil cinq cens LXVIII.

Du mandement dud. s[r] et baron de Panassac, gouverneur :

GALABERT.

(Arch. de Muret. — Affaires de la communauté de Muret.)

XLII.

1568. — SEPTEMBRE ET OCTOBRE.

GENS DE GUERRE A MURET.

1. — LETTRE DE JEAN DAFFIS, PREMIER PRÉSIDENT DU PARLEMENT DE TOULOUSE, AUX CONSULS DE MURET.

Messieurs les Consulz, ce porteur s'en va devers vous conduisant deux chevaulx. Vous ne fauldrés le faire loger en vostre ville, et lors que le seigneur de Bidous, chevalier de l'Ordre du Roy, vouldra employer lesd. cheveaulx à faire cources, permétés luy l'entrée et yssue à tel heure que le besoing le requerra, car c'est pour le service du roy et bien du pays, à quoy vous donnerés toute l'ayde et faveur que vous sera possible, et que cella soit traicté secrètement entre vous, demeurant tousiours asseurés à la garde de vostre ville, et je prieray Nostre-Seigneur vous vouloir donner très longue vie, me recommandant affectueusement à voz bonnes grâces.

De Tholose, ce IVe jour de septembre 1568.

Vostre meilleur amy : J. DAFFIS.

A Messieurs les Consuls de Muret. — A Muret.

***

Pradel, recepvés ce porteur avec les deux chevaulx de poste en vostre mayson jusques à ce qu'il y aye aultre mandement de monseigneur le premier président, et serés payé aux Estatz généraulx de Commenge, veu que c'est pour le bien du pays, comme est porté par la présente lettre dud. seigneur premier président.

Faict à Muret, le 4e septembre 1568.

P. BUSC, *consul de Muret.*

Attestons le susd. porteur avec lesd. deux chevaulx de poste avoir demeuré en la mayson dud. Pradel, aux despens dud. Pradel, quatre jours. P. BUSC, *consul.*

2. — ATTESTATION DE M. DE PANASSAC, EN RÉSIDENCE A MURET.

Nous Jacques-Mathieu d'Hespagne, s^{r} et baron de Panassac et autres lieux, gouverneur estably en la ville de Muret par le s^{gr} de Bellegarde... lieutenant pour sa Majesté au hault pays de Guyenne en l'absence du s^{gr} de Monluc... certifions avoir lougé et demeuré au lougis de Jean et Pierre Pradels, frères, avec sept chevaux nostres et nostre suyte, aux despens desd. Pradels, despuis le 8e septembre jusques au 8e d'octobre dernier passés, sans avoir rien payé de nostre despense, ny de nostre suyte.

En foy de quoy nous sommes soubsignez : PANASSAC.

A Muret, le XXIIIe janvier 1569.

***

Noble Jacques-Mathieu d'Espaigne, s^{r} et baron de Launaguet, Panassac, Seysses et autres lieux, nommé par P. de Bellegarde gouverneur de Muret « pour la défense de lad. ville et dud. pays et comté en l'obéyssance du roy », avait quinze personnes par jour à sa table. Logé chez Pradel, il y reçut « des gens de guerre, soldatz et aultres qui se seroient venuz présenter aud. s^{r} de Panassac pour estre soldoyés estant à pied ». De ce chef, Pradel demandait paiement de « trente-six tables » supplémentaires. Panassac fut visité également par MM. Broquière, Boyssonis et Fontaine.

(Arch. de Muret. — États de l'Isle-en-Dodon, déc. 1568.)

XLIII.

1568. — Novembre.

Jean de Monluc nommé controleur des finances en Guyenne.

Par ordonnance donnée à Orléans, le 24 novembre 1568, Charles IX charge l'évêque de Valence, Jean de Monluc, de vérifier la gestion des finances en Guyenne, province dont le frère du prélat était lieutenant-général. Cette commission précéda de deux ans environ la commission plus célèbre confiée à Jean de Tambonneau, président en la Chambre des comptes, du Gast, maître des requêtes, et Robert de Mondoulcet, conseiller au parlement de Bretagne et au Grand-Conseil. On ne comprendra tout le sens de notre document que si on le rapproche des explications fournies par M. Paul Courteault sur les causes de la disgrâce de Blaise de Monluc : sa façon d'entendre la gestion des deniers publics contribua beaucoup à sa retraite involontaire[1].

Charles, par la grâce de Dieu Roy de France, à nostre amé et féal conseiller en nostre conseil privé l'évesque et comte de Valence et de Die, Jehan de Monluc, salut et dilection.

Comme l'une des choses que nous estimons de présent pour le bien de nostre service autant nécessaire que aultre qui se puisse présenter soit de adviser au faict et administration de noz finances, et mesmes en nostre province de Guyenne, et à ce que noz receveurs tant généraulx que particuliers, noz fermiers et autres officiers qui y sont proposés les puissent manier selon le deu de leurs charges, et que ceulx d'entre eulx qui pourroient avoir malvaise volonté et intention au bien de notre service ne praignent occasion sur les présens troubles, ainsin qu'il a esté faict par cy devant, de retenir par devers eulx plusieurs sommes de deniers pour les applicquer à leur profit et commettre autres abuz et malversations au grand détriment et préjudice de noz affaires, empêchans par

[1] Cf. *Monluc historien*, pp. 25 et suivantes.

ce moyen que nous ne soyons secoureuz de nosd. finances pour la satisfaction des grandes despances que nous avons à supporter, pour lequel effect ayant advisé de donner la charge à quelque notable et digne personnaige, à nous seur et féable, pour avoir l'oeil et sur-intendance pour le faict de nosd. finances en lad. province de Guyenne, sçavoir vous faisons que nous confians de voz grandz sens, vertu, intégrité, souffisence, loyaulté, preudhomie et experiance, vous avons commis, ordonné et députté, commettons, ordonnons et députtons pour vous transporter aud. pays de Guyenne, et là vous faire représenter par le trésorier de France et général des finances d'icelle province tous les estatz de noz deniers et finances qui ont deu estre cy devant receuz et sont à recevoir par cy après par nos receveurs généraulx et particuliers, et fermiers de lad. province; iceulx estatz voir et vériffier avec lesd. receveurs, et ensemble les despances qui ont esté par eulx faictes, cognoistre semblablement des deniers extraordinaires qui ont esté levés sur led. pays à l'occasion des présens troubles, voir à quoy ilz ont esté employés et si nous avons esté bien et loyaulmant servis, avoir l'oeil et super-intendence à ce que la despance que se fera de nosd. finances près de la personne de nostre amé et féal le s[r] de Monluc, nostre lieutenant général au gouvernement dud. pays de Guyenne, et semblablement en tout led. pays, soit bien et fidellement administrée; et si aulcun abuz si est commis par cy devant, donner tout l'ordre qu'il vous sera possible et dont vous vous pourrés saigement adviser, et tenir la main à ce que les officiers desd. finances ne soient empêchés en la recepte de nosd. deniers, ains qu'ilz les puissent recevoir en toute liberté, et iceulx employer à l'acquit des mandemens qui seront levez sur eulx par le trésorier de nostre espargne, sans souffrir que autres en puissent ordonner, ny aulcunement y toucher, de quelque qualité et condition qu'ilz soient, et pour quelque cause et occasion que ce soit, ce que vous leur défandrés bien expressément, et pour ce que pour l'importance de beaucoup d'affaires qu'ilz se offrent à présent aud. pays de Guyenne vostre présence y sera bien séante et nécessaire, nous vous avons aussi commis, ordonné et deputté pour, avec led. sieur de Monluc, establir ung conseil en tel lieu, et composé de tel nombre, et de telz personnaiges que vous deux cognoistrés estre nécessaire, auquel conseil vous adviserés et ordonnerés de toutes choses qui se présenteront journellement pour nostre service, conservation dud. pays, et le bien et soulagement de noz subiectz. Et selon la grande fidélité que nous en avons, voulons et ordonnons que les délibérations, advis et expéditions qui seront faictes aud. conseil, soient de tel effect, force et vertu que les exécutions s'en ensuyvent par toutes les meilleures voyes que faire se pourra. Et dès à présent les avons validées et authorisées, validons et authorisons, vous donnant aussi pouvoir de faire assembler les Estatz dudit pays, et particulièrement des sénéchaussées, villes et siéges du ressort d'icelluy pays de Guyenne en telz lieux et temps que verrés bon estre, et la nécessité le requerra, pour recouvrer d'eulx les sommes de deniers dont ilz vouldront nous secourir et ayder pour subvenir aux grandes despances qu'il nous convient faire ; aussi, de recevoir et faire recevoir par telles personnes que vous déléguerés, aulcuns de noz bons et loyaulx subiectz habitans des villes dud. pays de Guyenne, et du plat pays, qui seront extimés riches et bien aisés, de nous prester chascun jusques à telle somme de deniers qu'ilz pourront, selon leurs moyens et facultés, pour en estre remboursés par le receveur général ou fermier de nos finances aud. pays, et sur tel cartier que vous adviserez bon estre, et de vous obliger tant pour nous, en nostre nom, que au vostre envers tous et chescuns lesd. habitans pour telle somme que ung chascun d'eulx respectivement voldra prester et fornir ez mains de nosd. receveurs et fermier général, ou de l'ung d'eulx, leurs clercz et commis, lesquelz oultre voz promesses et obligations en bailleront leur recepissé et recognoissance, et d'iceulx deniers ordinaires ausd. receveurs et fermiers généraulx ce qu'ilz auront à en faire, soit de les envoyer à nostre espargne ou de les faire employer ailleurs selon qu'il vous sera par nous mandé par cy après, dépeschant par vous à tous ceulx qui feront lesd. pretz voz ordonnances à nosd. receveurs et fermiers généraulx pour leur en faire leur remboursement, comme dit est, sans qu'il leur soit besoing d'avoir de nous aultre acquit...

Promettant en bonne foy et parolle de Roy vous desendommager et rendre indemne envers et contre tous, de la promesse et obligation qui sera par vous faicte dud. remboursement, etc.....

Donné à Orléans, le XXIIIe jour de novembre, l'an de grâce 1568, et de nostre règne le huictiesme.

CHARLES, *ainsin signé.*

Et plus bas : *Par le Roy en son conseil :* ROBERTET, etc.

Cote : « Commission au sr de Valence pour la reserche des finances en Guyenne ».

(Arch. de Muret. — Correspondance des États.)

XLIV.

1568. — DÉCEMBRE.

LES RELIGIONNAIRES AU CARLA ET AU MAS-D'AZIL.

Aux États de Comminges réunis à Muret le 31 mars et les deux premiers jours du mois d'avril 1568, le juge de Rieux admis à la séance « faict discours des meurtres, pilheries et saccaigemens faictz par les ennemys de Dieu et du Roy estans au Carla et Mas-d'Azil, prye l'assemblée voloir les extirper et ce faisant contribuer aux boulets et pouldres comme les voysins... ». Au mois de décembre suivant, Dominique Pontic et Cambornac sont délégués vers B. de Monluc afin de lui représenter la fidélité des commingeois, « n'ayans oncques permis ministre pour la religion prétendue et offrir aud. sr de Monluc... que quant luy plaira dresser camp contre le Mas-d'Azil, le Carla et autres rebelles à la Maiesté dud. sr, contribueront des sommes qui seront nécessaires aud. camp... [1] ». Peu de jours après cette délibération, le premier président du parlement de Toulouse permettait le siége des deux places huguenotes.

1568.

I. — PROJET DE SIÉGE DU CARLA ET DU MAS-D'AZIL.

A esté arresté et accordé par Mgr le premier président au seigneur de Lamezan, où les forces s'assembleront pour aller au

[1] États de l'Isle-en-Dodon, 15 décembre 1568. — Monluc avait envoyé le capitaine La Rouge au Carla et au Mas-d'Azil, par commission donnée à Bordeaux, le 22 janvier 1568, dans laquelle il écrit : « que pour résister aulx malheureuses et damnables entreprinses des rebelles et séditieux qui se sont eslevés contre le Roy et qui se sont seaysis des lieux du Mas-d'Azilz et du Carla, faisans une infinité de meurtres, pilheries, volleries, saccagementz et aultres inhumains et exécrables excès sur les bons et fidelles subiectz et serviteurs de sa Maiesté, est nécessaire de dresser quelque compaignie, etc... » Le dix-huit mai suivant, ce capitaine revenant des Bordes passait au Bois-de-la Pierre. — Arch. de Muret. États de Muret, décembre 1569 : *Dossier relatif au*

Carla et Mas d'Asil, qu'il fera accorder ung canon deux moyennes, atiral et munition nécessaire, mais que d'argent et hommes la ville n'en peult fornir. — En second lieu, qu'il a esté mandé retirer les batteaulx et rompre les pontz affin que les ennemys ne puissent passer et à ces fins a esté envoyé le seigneur de Montastruc. — Et néanmoins que led. s[gr] de Lamezan n'a peu treuver argent à intérest pour payer les companyes du seigneur de Rocquefort, ce que fault luy soit escrit par le pays, et le prier prendre patience jusques à la venue et retour de ceulx qui ont esté mandés vers le s[gr] de Monluc.

J. DE BORDERIA.

(Arch. de Muret. — États de Muret, janv. 1569.)

2. — REQUÊTE DE VILLA.

A vous Messieurs les gens des Trois Estatz... assemblés en la ville de Muret.

Supplie humblement le scindic des consuls, manans et habitans du lieu de Contrasy, voysin et proche du Mas d'Azilz saysi et détenu par les rebelles et séditieux, que pour empêcher leur malheureuse entreprinse de l'invasion et saisiment que plusieurs foys ont essayé faire tant dud. lieu de Contrasi que aultres, Monsieur l'évesque de Cozerans y auroit ordonné et mandé certain nombre de soldatz arcabousiers à la garde et défence desd. lieux, et pour fornir deniers et argent pour achepter la munition de pouldre, plom et aultres choses, jusques à la somme de six vingtz livres d'ung cousté, et vingt cinq livres t. d'aultre, receues par le trésorier dud. s[r] évesque, et le suppliant d'aultres foys s'en estant plainct et en ayant requis ramborcement par ces requestes cy attachées, luy auroit esté respondu que ausd. fins il estoit renvoyé aux présens Estatz.

Par quoy plaise à voz grâces ordonner que le suppliant sera remborcé desd. sommes par le trésorier du pays, ou par led. s[r] évesque, ou aultre, et le suppliant priera Dieu pour voz Estatz et prospérité.

VILLA.

(Arch. de Muret. — États de Muret. janvier 1569.)

passage des compagnies à Lombez, Samatan, le Bois-de-la-Pierre, etc., en 1568-1569. On trouve dans ce dossier de nombreuses attestations de gens de guerre, dans l'une il est spécifié qu'en 1569 M. de Sarta était recteur de Samatan.

3. — ARRÊT DU PARLEMENT DE TOULOUSE POUR LA RUPTURE DES PASSAGES SUR LA RIVIÈRE DE GARONNE.

Les gens tenens la court de Parlement pour le Roy à Tholose mandent à René de Gramont, s^r de Montastruc, commissaire ordinaire de l'artillherie du Roy, soy transporter incontinent ez villes et lieulx où besoing sera le long de la rivière de Garonne esquelles y a port, et passaige, et pontz, pour donner ordre à toute diligence de faire retirer les bateaulx, barques et gabaretz de la part de la rivière qu'il avisera estre nécessaire, ou iceulx faire enfoncer affin que les rebelles et sédicieulx qui sont assemblés au comté de Foix n'ayent moyen de passer lad. rivière pour s'en aller joindre avec les aultres rebelles, ennemys du Roy, quy sont au pays de Béarn, et pour mieulx empêcher led. passaige, est mandé aud. de Gramont faire rompre telle partie desd. pontz quy besoing sera ou en iceulx y faire mettre force de garde souffizante aux despens desd. villes et lieulx, et aultrement en la meilleure forme et moyen qu'il advisera estre nécessaire pour le bien et service du Roy, aussy faire retirer et enfoncer les rectz et radeaulx affin que lesd. rebelles et sédicieulx ne s'en servent, et mander aulx villes et villaiges soy assembler en armes quand besoing sera pour courir sus auxd. ennemys, rebelles, séditieulx, les talher, mectre en pièces suyvant les Édictz et Ordonnances du Roy, sonner à ces fins le toqsen, et faire toutz aultres actes de résistance contre lesd. ennemys, car de ce faire est donné pouvoir et authorité. Mandent et commandent à toutz les seigneurs propriétaires des portz, pontz, passaiges, bateaulx et fermiers d'iceulx, marchans de barques, consulz et aultres justiciers, officiers et subiectz du Roy, obéyr pour cest effect aud. de Gramont, sur peyne de estre dictz et déclarés criminelz de lèze Majesté, rebelles et désobéyssans, et comme tels exemplairement punys.

Donné à Tholose, aud. Parlement, le XXIIe de décembre 1568. — BONNET, *ainsi signé. Collationné.*

(Arch. de Muret. — États de Muret, janvier 1569.)

4. — PROCÈS-VERBAL DE RUPTURE DES PONTS SUR LA GARONNE ENTRE MURET ET MONTRÉJEAU.

L'an 1568 et le XXIIe jour du mois de décembre, suyvant la commission à moy René de Gramont, s^r de Montestruc, et commissaire ordonné de l'artillherie du roy, de la cour de parlement de Tholose, pour moy transpourter en diligence ès villes et lieux où besoing seroit le long de la rivière de Guaronne pour faire enfoncer, ou faire retirer les bateaulx, barques et gabarotz, et aussi pour faire rompre telle partie des pontz que treuverois estre nécessaire, et y mectre guarde souffizante suyvant mon advis aulx despens des villes et villaiges, et autrement, comme est pourté par lad. commission pour le service du roy.

Et tout incontinent led. jour me serois transpourté en la ville de Muret et illec estant aurois faict commandement à Me François du Buse, licencié, Bernard Lasserre et Jehan Faure, consulz dud. Muret, de me exiber le pont de lad. ville sur la rivière de Guaronne, pour icelluy rompre et y faire ung pont levis. Et illec estant auroit comparu Me Martin Duputz, bachelier, pour le scindic de lad. ville, lequel nous auroit requis ung doble de nostre commission, laquelle luy avons exibée pour s'en prendre une de la teneur : *Les gens, etc.* — Led. du Putz estant sur le pont de lad. rivière, pour led. scindic, m'auroit remonstré de rompre le pont ce seroit ung grand domage à lad. ville de plus de 50.000 liv., et que led. pont estoit dans le fort d'icelle, et vers la comté de Foix y a ung revelin fort et de grand deffence, offrant y faire telle guarde que sera par moy advisé. — Alors aurois faict commandement ausd. Buse, Laserre et Faure, consulz, de mectre toutes les nuictz 20 arquebusiers pour la guarde et deffence dud. pont, et de tant que la nuict survenoit et que lesd. consulz me exiboient et monstroient les lieux foibles pour avoir avis sur la réparation d'iceulx, aurois sommé et requis ausd. consulz me bailler deux hommes pour se avancer et faire conduyre les bateaulx tant de lad. ville de Muret, Estantens, Le Fauga et Mausac, aud. lieu de Muret, et iceulx conduictz et amenez au lieu communément appellé *le Pontilz*, entremy led. pont et molin dud. Muret, lieu plus assuré de lad. ville, ce que lesd. consulz auroient faict, et ung desd. consulz nommé Jehan Faure, accompaigné de Jehan Javelly y seroient allés, et la nuict mesmes les consulz dud. Faugua et Mausac auroient ousté les bâteaulx de lad. rivière.

Et le lendemain XXIIIe jour des mois et an que dessus, me serois transporté au lieu de Noé, et illec estant, aurois faict commandement à Jehan Dutilh, consul dudit Noé, et Jehan Belgegian, greffier et notaire des consulz et juge, me exiber la barque et bateaulx dud. Noé, et icelluy enfoncer et rompre, ce que incontinent auroient faict et auroient demandé coppie de ma commission que leur a esté baillée. Pendant que led. bâteau de Noé se enfonçait par les habitans dud. Noé, nous auroit esté remonstré que le s^r de Bénac et Moynié, d'icelluy, avoit une barque sur lad. rivière et vers le cousté de Foix, laquelle pourroit pourter dommage, par quoy aurois requis qu'elle feust enfoncé comme celles dud. Noé, et incontinent serois passé de par l'autre cousté de la rivière accompaigné dud. Jehan Dutilh, consul, faire commandement aud. Moynié d'enfoncer led. bâteau, et me dire son nom, lequel Moynié jamais ne l'auroit vouleu faire, ains accompaigné de deux serviteurs, l'ung desquelz me tira ung grand coup de pierre, si m'eust touché m'eust tué, quoy veu aurois demandé aud. Dutilh, consul, me dire le nom dud. serviteur et dud. Moynié, lequel dist qu'il ne le sçavoit point, et alors moy mesmes me mis dans lad. rivière accompagné de deux aultres, enfoncis et feis rompre led. bâteau avecques une hache. Alors voyant que l'on me faisoit rebellion, aurois faict commandement aud. Jehan Faure, consul dudit Muret, et Jehan Javelly de me suyvre pour nous donner faveur, ayde et secours et pour nous servir de tesmoiniage par toutz les lieux requis et nécessaires, sur peyne d'estre dictz déclairés rebelles et néantmoings d'estre mis en prison, quoy veu m'auroient suyvy et obéy.

Led. jour me serois transpourté au lieu de Capeux, accompaigné desd. Faure et Javelli aud. lieu, et illec estant aurois faict commandement à Jehan Salinié, consul dud. Capeux, d'enfoncer la barque qu'ilz ont aud. lieu, ou icelle rompre, lequel m'auroit demandé ma commission, et faicte lecture d'icelle luy aurois bailhé coppie, et après avoir entendu, auroit enfoncé lad. barque à nostre présence.

Incontinent led. jour me serois transporté au lieu de Marquefave accompaigné desd. Faure et Javelli, pour ce qu'il n'y avoit aulcun consul aurois faict commandement à noble Jehan de Lézat, conseigneur dud. Marquefave, et Jehan Ressiac, nautonié, de enfoncer le bâteau qu'ilz ont aud. lieu, et les aurois faict lecture de mad. commission, et m'auroient requis coppie que leur a esté baillée, et ont offert faire leur devoir.

Estant arrivé au lieu de Carbonne, aurois faict commandement à Ramon Molas, consul dud. lieu, de faire enfoncer led. bâteau, lequel a respondu qu'il estoit desia enfoncé, présens lesd. Faure et Javelli, et après avoir faicte lecture de mad. commission, aurois faict commandement à madamoiselle femme dud. s[r] de la Terrasse de enfoncer ou rompre lad. nef ou bâteau qu'ilz ont aud. lieu, ensemble quelque raich, laquelle auroit offert faire son devoir tout incontinent.

Advenu le XXIIIe jour desd. mois et an, estant arrivé au lieu de Sales, accompaigné desd. Faure et Javelli, après avoir faicte lecture de mad. commission, aurois faict commandement à Jehan de Benac, consul dud. lieu, de enfoncer led. bâteau et guabarrotz, lequel à nostre présence auroict obéy. — Et led. jour, accompaigné desd. Faure et Javelli me serois transpourté au lieu de Saint-Julien, et illec estant aurois faict commandement... à Bernard Bobène et Jehan Brun, consulz dud. lieu, tout incontinent à ma présence oster la corde et cable, ensemble le rompre, et enfoncer led. bâteau, lesquelz ont obéy à ma présence.

La commission est semblablement exécutée à Gensac par les consuls Jehan Bofartigues et Arnauld Och ; à Cazères, Guilhem Labarthe, notaire, et François Bazon, consuls, font couper sept cannes du pont, au milieu. Le pont est loin de la ville et vingt-cinq arquebusiers en auront la garde chaque nuit. Le 25, le commissaire fait couper cinq cannes du pont de Palaminy par Jean Belloc, consul, qui devra, pendant la nuit, y placer vingt hommes de garde. A Mauran, Paulin Laroque, consul, enfonce le bâteau. De même à Boussens, Guillaume Périssé, consul. — Au lieu *du Fourc*, c'est Gabriel Sarlabos, nautonnier, qui enfonce la barque. Vital Belbèze, Jean Sos, Ogier Tilhan, consuls de Saint-Martory, promettent de couper le pont le lendemain « pour ce qu'estoit heure tarde ». Ils placeront un pont-levis gardé par vingt arquebusiers. — Le 26, le commissaire est à Lestelle où les consuls Ramond Artigues et Jehan Atané mettent la barque à « fons ». A Montespan et Pointis c'est le commissaire et ses compagnons qui enfoncent les bâteaux. — Le pont de Miramont est rompu par Philippe Garonne et Jacques Bonnet, consuls de Saint-Gaudens, qui doivent établir un pont-levis et placer vingt gardes dans un château érigé à l'extrémité du pont. — Laurent Bellau, Gabriel Peyrade et Étienne Bacqué, consuls, rompent le pont de Valentine. — Le 27, Ramond-

Jean Senzos, notaire, Jean Terrasson, Bernard Campels et Dominique Rivière, consuls de Montréal-de-Rivière, reçoivent ordre de couper le pont et d'empêcher la navigation sur la Garonne et la Neste. -- Signé : MONTESTRUC.

(Arch. de Muret. — États de Muret. 22 janvier 1569.)

5. — INJONCTION ADRESSÉE AUX CONSULS DE SAINT-MARTORY POUR LA RUPTURE DU PONT.

Nous René de Gramont, s^r de Montestruc, avons surrogé et surrogeons les consulz du lieu de Sainct-Marthory en nostre lieu et place, pour constraindre les habitans dud. lieu de Sainct-Marthory à rompre et copper le pont, ensemble à faire chacune nuict garde telle que par lesd. consulz sera avisé, et ce par multiplication de peynes, arrest et emprisonnement de leurs persones, comme si nous mesmes y estions.

Faict à Sainct-Marthory, le XXVIe de décembre 1568.

DE MONTESTRUC, *commissaire, ainsin signé.*

VALLIBUS, *not.*

(Arch. de Muret. — États de Muret, janvier 1569.)

6. — APPROVISIONNEMENT DU CAMP DE M. DE BELLEGARDE A MAZÈRES.

Guy de Castelnau et de Clermont, s^r et baron desd. lieux, Caumont et Brusque, vicomte de Nébozan... sénéchal de Tholose et Albigeois..., à Me Anthoine du Brueilh, conseiller du Roy en nostre Cour, salut.

Nous vous mandons et commectons par ces présentes que vous transportés aux villes de Muret, Lézat et aultres lieux qu'il appartiendra et illec, appellés les consuls, despartir sur toutz et chescuns les manans habitans d'icelles et lieux y adjassans le bled, pain, chair, foing, avoyne, vivres, suyvant l'estat sur ce faict, l'extraict duquel cy attaché vous envoyons, et iceulx conduyre et apporter au camp et armée naguières levé soubz la conduicte du seigneur de Bellegarde, gouverneur, pour la norriture et entretènement des gens de guerre y estans dans le temps que par nous sera ordonné, constraignés ceulx qui pour ce seront à constraindre par toutes voyes deues et raisonnables, et comme pour les propres affaires du Roy, car de ce faire vous donnons pouvoyr.

Donné à Tholose, le second de janvier 1569.

DE ROCHON, *juge criminel.* — DU BOSQUET.

*
* *

Instruction de ce que convient faire à Mr de Brueil, conseiller, pour exécution de la commission à luy adressée.

Premièrement, fault que s'en aille à la ville de Muret, en laquelle il face faire 2000 pains de prix de deux liards et poix requis, et tant de chair de bœuf, mouton et pourceau qu'il pourra assembler revenant à la munition du pain, et y fera aussi assemblée de foin et avoyne, le tout pour estre remboursé au despartement général du diocèse, selon la commission dressée aux diocésains d'icelle, et en lad. ville fera faire la proclamation ordonnée pour les vivres.

Fauldra qu'il aille ez villes de Lézat, Sainct-Suplice, Sainct-Ybars et Beaumont, à chescune desquelles fera faire, sçavoir :

A Lézat, 1.000 pains du pois que dessus et formes des autres vivres que dessus, à l'équipollent.

Saint-Supplice, 600 pains et autres vivres que dessus à l'équipollent.

Saint-Ybars, 800 pains et autres vivres que dessus.

Beaumont, 500 pains et autres vivres que dessus, et le tout pour estre remboursé au despartement général du diocèse, suyvant la commission que sera dressée aux diocésains.

Et fourniront les consulz les despens aud. commissaire, clerc, et à ses serviteurs. — BOSQUET, *ainsi signé.*

*
* *

Attestons Jean Pradel avoir fourny la despence aud. s[r] commissaire, clerc et serviteurs, ung jorn et demy, avec leurs monteures comme dessus est mandé, et aussi une disnée à M[r] l'aulmosnier avec huict chevaulx.

BUSC, *consul.*

*
* *

De par le Roy et de mandement de M[r] le séneschal de Tholose.

Est faict assavoir à toutz qui vouldront appourter vivres pour la nourriture et entretènement de l'armée puis naguières levée soubz la conduicte du s[r] de Bellegarde, gouverneur en la ville de Tholose, séneschaussée de Tholose et Lauragois, au devant la ville de Mazères, que leur est permis de ce fère, franchement, sans païer aulcun tribut, péaige ne aultres subcides et impositions, lesquels pourront iceulx vendre suyvant la taxe que par led. s[r] gouverneur en sera faicte.

Faict à Tholose, le 3e jour de janvier 1569.

DE ROCHON, *juge criminel,* ainsi signé. — BOSQUET.

7. — INJONCTION ADRESSÉE AUX CONSULS DE MURET.

Pierre de Bellegarde... aux consuls de la ville de Muret, salut.

Pour pourvoir aux choses qui sont nécessaires pour l'expédition et exploict de l'entrepriuse que nous avons arresté exécuter en ces cartiers contre les rebelles et ennemys du Roy, est nécessaire estre munis de pionniers, vivres et aultre apareilh de guerre, à ceste cause vous mandons et commandons envoyer promptement et sans délay la part où l'artilherie que nous faisons marcher se trouvera, le nombre de six vingt pionniers ou terralhons munis et pourveus de piez, palles, ravasières et aultres telz instrumentz, lesquelz vous ferez payer à la charge d'en estre remborcés par toute la comté de Comenge... etc.

Faict à Saverdun, le IVe jour de janvier 1569.

P. DE BELLEGARDE.

(Arch. de Muret. — États de Muret, janvier 1569.)

8. — HUGUENOTS SAISIS A SAINT-YBARS.

A vous messieurs les gens des Troys Estatz, etc...

Supplient humblement Arnaud Paras, Léonard de Jung, Bertrand Barrère et aultres soldatz dud. Muret jusques au nombre de doutze que au temps de la caresme dernièrement passée, de mandement de la court de parlement de Tholose ou commissaire par elle depputé, et en compaignie de mons[r] le consul Laligne, ilz feurent mandés et contrainctz accompaigner et conduyre jusques à la conciergerye troys hommes qu'avoyent esté prins à Sainct-Ybars comme hugonaux, en quoy vaccarent les supplians deux jours. Ce considéré, etc...

(Arch. de Muret. — États de Muret, mai 1569.)

9. — COMMISSION DU MARÉCHAL DE DAMVILLE AU CAPITAINE MAUSAN.

Henry de Montmorancy, seigneur de Dampville, maréchal de France, gouverneur et lieutenant général pour le Roy en Guienne, Langadoc, Provence et Daulphiné, au capp[ne] Mausan, ayant charge d'une compaignie de gens de pied... salut.

Nous vous mandons et ordonnons de mener et conduire vostre compaignie ès lieux où commodes se treuberont pour y avoir vivres et lougis, mandons et commandons aulx consulz et officiers ayant charge aulx ditz lieux vous y recepvoir avec lad. compaignie, vous faisant bailler et administrer lesd. lougis et vivres, le tout à la moindre folle des habitans desd. lieux que fère ce pourra, procurant et tenant la main à faire vivre vos soldatz doulcement et gratieusement, en sorte que nous n'en ayons aulcun reproche...

Donné au camp devant Mazères, le XIIIIe octobre 1569, ainsin signé :

MONTMORANSI.

(Arch. de Muret. — États de Muret, décembre 1573.)

XLV.

1569. — MARS.

REQUÊTE DES CONSULS DE MURET AU PARLEMENT DE TOULOUSE AU SUJET DE L'ÉGLISE SAINT-GERMIER.

Nous ne savons précisément si cette requête tendait à obtenir du parlement de Toulouse la permission de placer une garnison dans l'église Saint-Germier de Muret ou de démolir cet édifice. Aucun autre document n'est encore venu éclairer celui que nous publions ici. Ceux qui connaissent la topographie muretaine et l'emplacement qu'occupait l'église Saint-Germier près les murs de Muret, sur la Louge, reconnaîtront que cet édifice aurait grandement facilité les hostilités aux religionnaires s'ils s'en fussent emparés. D'où nécessité de le prémunir contre toute surprise. Reste à savoir si les consuls voulaient sauvegarder l'église Saint-Germier en y établissant des hommes d'armes, et dans ce cas pourquoi l'autorisation du parlement, ou s'ils sollicitaient le renversement de l'édifice. Dans un *Mémoire* de Guillaume Bétirac, curé de Saint-Germier de 1705 à 1736, et rédigé en 1715, on lit ces mots : « ... Les habitants [de Muret] et les États voisins [*lisez les Etats de Comminges*] la firent démolir ». Il s'agit là de l'église qui nous occupe. Cette phrase laisse à penser qu'en 1569 l'on détruisit au moins les parties supérieures de l'église Saint-Germier, bâtie entre 1155 et 1156 [1].

[1] Voy. C. DOUAIS, *Saint-Germier*, p. 101. Il n'est pas douteux qu'en 1590, lors de la marche des troupes de Matignon vers Muret, les consuls de cette ville firent abattre un immeuble dans lequel les hommes d'armes ennemis auraient pu s'installer, au faubourg Saint-Germier. Le 21 avril 1627, noble Ramond de Serres, s^r^ du Bourgailh, fils de feu Thomas de Serres et de Domenge de Montesquiou, réclamait aux consuls de Muret, devant le sénéchal de Toulouse, une indemnité de 7 à 8 mille livres, motif pris de ce que lors de l'approche de l'armée de Matignon en 1590-1591, « les consuls de lad. ville craignant estre assiégés de lad. armée, pour leur deffance, firent desmolir une grande et belle maison scise aud. Muret, dicte *de Pinibus*, au faubourc appelé Saint-Germain [*lisez :* Saint-Germier], estant de valeur de sept à heuict mil livres », garnie de meubles, et appartenant alors à Thomas de Serres. (Arch. de Muret,

Ce point intéressant de l'histoire religieuse de Muret sera peut-être un jour complètement éclairci.

MONSEIGNEUR,

Pour la nécessité que se présente et qu'il est expédiant la ville de Muret soit pourveue de gens que soyent bien aguerris et en meilleur équipaige que faire se pourra, soubz la conduicte du s[r] de la Ylère, commis à la garde de ceste ville pour le roy, et pour ce que l'église mons[r] Saint-Germier estant hors et près les murs de lad. ville, la domine tellement que si les ennemys s'en emparoient en deux cartiers de la ville, et les plus dangereux, nous ne nous sçaurions monstrer que ne feussions otragés, nous vous prions très humblement voir la requeste que avons à ces fins faicte, et si vous, Monseigneur, trouvés qu'elle soit bien, qu'il vous plaise la signer ou bien la mettre à autre meilleure forme que bon vous semblera, et nous donner vostre ayde et faveur sur ce, et attestatoires que vous supplions voir.

Monseigneur, vous nous commanderés et nous vous obéirons, priant le Créateur vous conserver longuement en bonne sainсté, à vostre heureuse prospérité.

De Muret, le XIIe mars 1569.

Voz très humbles et très obéissans serviteurs les consulz de Muret :

P. BUSC, *consul de Muret, vostre très humble et très obéyssant serviteur.*

A Monseigneur, Monseigneur le procureur général du Roy au parlement. A Tholose.

(Arch. de Muret. — Affaires de la communauté de Muret.)

États de 1627.) (Cf. *Huguenots en Comminges*, première série, p. 181. — Au sujet des mouvements stratégiques des troupes de Matignon vers Muret, en 1590-91, le regretté Edmond Cabié a justement fait observer (*Guerres dans le Sud-Ouest*, p. 842), qu'à la page 181, note 2 [de notre publication], les mots « *le maréchal* désignent Matignon, et non Villars, car dans les documents de l'époque ce dernier est appelé *le marquis*. Cette correction montre que, dans le même texte, le nom de l'*Isle* ne s'applique pas à l'Isle-en-Dodon, mais bien à l'Isle-Jourdain. A ce moment le marquis de Villars n'était pas à l'Isle-en-Dodon, mais plutôt vers Sainte-Foy et Saint-Lys. » (Voy. RUMEAU, *Inv. des Arch. de Grenade*, pp. 24-25.)

XLVI.

1569. — Janvier.

« Sauvegarde » accordée au Comminges par B. de Monluc.

Blaise de Monluc... à tous cappitaines, chefz et conducteurs de gens de guerre tant de cheval que de pied, mareschaulx des logis, leurs forriers et à tous aultres officiers et subiectz dud. s[r] ausquelz ces présentes seront monstrées, sçavoir vous faisons que en considération de la fidélité que a tousjours esté aux habitans de la comté de Comenge et de l'obéissance qu'ilz ont portée et portent aux commandementz et ordres du roy et nostres, jusques à emploïer leurs vyes et biens pour son service, mesmes que en ces troubles passés et ceulx qui sont encores ilz ont fraiés et emploiés plusieurs et grandes sommes de deniers, lesd. troubles passés, à l'entretènement des compaનyes des s[rs] de Gramont, Lavalette, Nègrepelisse et Masqueron ayans demeuré en garnyson aud. pays, et à présent entretiennent suyvant nostre mandement les compaનyes des s[rs] de Roquefort, Montastruc, Barbasan et Panasac estans aussi en garnison en lad. compté, et néanmoings souffert une infinité de folles et despences à cause des aultres compaignyes qui sont faictes et passées aud. païs pour rompre, réprimer et extirper de ce royaulme les hérétiques, séditieux, rebelles et ennemis de sa Majesté, nous avons iceulx habitans de Comenge et leurs aydes exempté, et exemptons par ces présentes, de toutes garnisons de logis de vosd. gens de guerre, soient de cheval ou de pied, ensemble de toutes contributions et fornitures de vivres, si vous deffendons de loger sur peyne de désobéyssance, fors celles que cy-après sont nommées; si avons réduictes et réduisons lesd. quatre compaignyes en nombre chascune que avons ordonné, deux compaignyes à icelles prendre et choisir par led. s[r] de Roquefort pour demeurer et tenir garnyson aux lieux dud. païs où il, avec les Estatz d'icelluy, cognoistra estre plus nécessaire pour le service de sad. Majesté et deffence d'icelluy païs, nonobstant toutes aultres commissions et mandementz despechés au contraire.

Et néanmoings volons et ordonnons que pour payer et satisfaire lesd. deux compaignyes, selon le taux par nous ordonné, et remborcer de ce qu'en a esté souffert et payé cy-devant pendant ces troubles aux aultres compaignyes y faictes et passées, les aydes ordinaires dud. Comenge à la taillhe, creue et taillhon y soient cottisées et comprinses avec le corps dud. Comenge, à raison et au feur des deniers de la taillhe, sçavoir est Sainct-Gyrons et viscomté de Coserans, Montispan et leurs adhérans, Lescure et Monbrun, la terre de Mauléon et leurs adhérans, la terre d'Encausse, Cardelhac et leurs adhérans, Tournay et leurs adhérans, Sainct-Sever de Rustaing et leurs adhérans, Estampures et leurs adhérans, Fittes et Refittes et leurs adhérans, Puy de Rieux, Lapeyre et leurs adhérans, comme estans trestous de la recepte dud. Comenge et contribuables à icelle, auquel pour semblable faict et despences faictes aux troubles passés cy-devant avons dépesché commissions au juge de Commenge lequel y auroict procédé et despechées contrainctes lesquelles voulons sortir éfaict, et par mesmes moyen comectons aud. juge de Comenge, ou son lieutenant, pour, apellé le procureur du roy et aultres qui pour ce seront [à] apeller, procéder au département de la solde desd. deux compaignyes et aultres despenses faictes pour le faict de la guerre aud. Comenge, depuis la première commission à vous dressée en vériffiant les rolles que sur ce en seront bailhés, le tout au feur et à raison du denier de la taillhe tant sur lesd. habitans de Comenge que Aydes dessus expéciffiées, et au paiement des sommes montans lad. solde et despences avec les frais nécessaires pour l'exécution de ces présentes voulons estre constrainctz et cottizés par toutes voyes deues et raisonables et comme pour les propres deniers et affaires du roy.

De ce faire vous donnons pouvoir, commission et mandement espécial par ces présentes.

Donné à Agen, le quatriesme jour de janvier 1569.

B. de Monluc.

Par mond. s^r : Boérii, *ainsin signés.*

Cote : Sauvegarde de Mr de Monluc pour Commenge.

(Arch. de Muret. — Correspondance des États.)

XLVII.

1569. — Avril.

Commission de B. de Monluc au sr de La Valette pour s'établir en Comminges.

B. de Monluc... au sgr de La Valète... capitaine de cinquante hommes d'armes de ses ordonnances, salut.

Comme mon seigneur frère du roy nous aye mandé pour ce que vostre compagnie est tousjours demeurée en son armée, et l'une d'icelles qui a esté le plus souvant à la guerre, est grandement diminuée, tant par ce que les membres et chefz que hommes d'armes de vostre dite compagnie ont esté promeuz à plus grandes charges, pour ce aussi qu'il en y a plusieurs demeurés malades, il vous a permis aller refaire vostre dite compagnie en nostre gouvernement et la remettre en estat de pouvoir bien tost aller retrouver mond. seigneur, et pour ce que vous auriez meilleur moyen de ce faire en la comté de Comenge plus tost que en aultre lieu, mond. seigneur nous commande assigner lieu ou lieux ausquelz vous la puissiés reassembler.

A ceste cause et suyvant sond. commandement, nous vous avons permis et permettons, par ces présentes, reassembler vostre dite compagnie aux villes et lieux que bon vous semblera en lad. comté de Comenge, aux consulz desquelz lieux mandons et commandons vous administrer lougis et vivres nécessaires, à peine de désobéissance. Touteffoys afin que toute lad. comté et leurs aydes se ressentent de la despance qu'il conviendra faire à vostre dite compagnie, et pour le soulagement des habitans des susd. lieux, nous voulons et ordonnons que toute lad. comté et leurs aydes soient contribuables auxd. fraiz et despances, pour lequel effect nous avons commis et commettons au juge de lad. comté de Comenge, appellés les scindicz d'icelle, ou autres que pour ce seront à appeller pour faire le despartement et esgallement des fraiz et despances que vostred. compagnie aura faictz pendant et durant le temps qu'elle aura demeuré et séjourné ausd. villes et lieux, et ce sur tous et chescuns les habitans d'icelle comté et leursd. aydes, le fort portant le foible, et suyvant le rolle de la taille, et icelluy département faict, permettons aux consulz des lieux et paroisses de lad. comté et leurs aydes, chascun en ce qui sera de sa charge, constraindre ou faire constraindre par le premier sergent royal sur ce requis, auquel enjoignons ce faire, au payement de ce qui se montera la part et portion d'ung chascung, par toutes voyes, manières deues et raisonnables, emprisonnement et détention de leurs personnes... etc...

A Sainte-Foy, le XIIIe jour de avril l'an 1569.

B. DE MONLUC.

Par mond. s[r] : BOÉRY, *ainsin signés.*

(Arch. de Muret. — États de Muret, mai 1569.)

*
* *

Les États de Comminges agréèrent la compagnie de M. de La Valette à Muret, par une délibération spéciale dont le but était d'exclure tout autre compagnie de passage :

Sur la responce à faire au mareschal de lougis de la compagnie du seigneur de La Valète ayant sommé et requis les consuls de la ville de Muret luy bailler lougis et aprester les vivres nécessaires pour lad. compagnie, les gens des Estatz assemblés dans la maison commune de la ville de Muret le IVe jour des moys et an bas escriptz [4 mai 1569], respectant la vertu et prouvée fidélité dud. s[r] de La Valète qui n'a en rien espargné sa personne pour l'honneur de Dieu et service du roy, combien le pays soit aprouvé [*éprouvé*] par les passaiges de XXXVII compaignies de gens de pied et garnisons de gens de guerre, puys les troubles, ont accordé volontairement les lougis et vivres que led. s[r] de La Valète voldra prendre aux villes et lieux que bon semblera en ceste comté et pays de Commenge et Aydes, pendant et durant le temps que sad. compagnie demeurera et séjournera auxd. villes et lieux de la recepte dud. Commenge, prenant lesd. vivres au taux et suyvant l'ordonnance du roy... etc...

(Arch. de Muret. — États de Muret, 4 mai 1569.)

XLVIII.

1569. — MAI.

REQUÊTE DES CORDELIERS DE RIEUX.

A vous messieurs tenens les Estatz, etc.

Supplie humblement le scindic des fraires Cordeliers de la régulière Observance Saint-François de la présente citté de Rieux, que causant les trobles des guerres, que soy présentent, ilz ont perdu de neuf à dix couventz de leur reigle, brullés, pilhés, saquagés, et la plus part des fraires meultris et massacrés par les ennemys de Dieu, du roy et du reppos publicque, et les autres fraires soy sont retirés à leur couvent la plus part, estant en grand nombre, de manyère qu'ilz n'ont poinct moyen les nourrir, ny entretenir, causant leur pouvretté et que ne leur a esté poussible faire les questes acoustumées.

Ce considéré, et qu'ilz sont toutellement constitués en pouvretté, et aux fins se puyssent entretenir en l'office et divin service, vous plairra de vos grâces à tout ce leur favoriser aide et secourir de vos biens, et telle somme que par vous sera advisée et ordonnée, et ce faisant seront tenus plus amplement et obligés à prier Dieu pour vostre estat et mainctenance, et ferez bien.

(Arch. de Muret. — États de Muret, mai 1569.)

XLIX.

1569. — Mai.

Gens de guerre a Saint-Martory.

Plainctes et doléances que remonstrent et baillent par devant vous monsieur le Juge de Comenge et commissaire à ce depputté par le s^{gr} de Moulue, lès consulz, manans et habitans du lieu de Sainct-Marthoire, aud. Comenge.....

Et en premier lieu disent lesd. consulz et habitantz que causant les troubles et guerres que sont et ont esté à raison des céditieulx, rebelles, prétendeuz de la nouvelle religion et hennemys du roy, nostre sire, ilz auroient myse garde et commandé à en faire aulx portes dud. lieu de Sainct-Marthoire, avec gens exprès, tant de nuyct que de jour, et commencé à faire lad. garde au moys de septembre dernier, et tenir les portes fermées la nuyct affin que lesd. rebelles et sédicieulx ne entrassent dans led. lieu.

Si est ce que despuys par ung jour de vendredy, 7e d'octobre dernier, nouble Françoys de Comenge, soy disant capp^{ne}, seroit party du lieu de la Fiete Toppière, distant dud. lieu de Sainct-Marthoire ung demy cart de lieue, et venu avec sa compaignie en nombre de 200 soldardz, ou envyron, vers led. lieu de Sainct-Marthoire, secrettement et son ensènhe bayssée, sans sonner le tamborin, de sorte que estant arrivé au devant la porte du *Barrérat*, une des principales dud. lieu, led. de Comenge entre dedans avec 7 ou 8 soldatz dissimulés avec cappes de Béarn, par une force et presque ung demy assault, et après y allogea sa compaignie en nombre comme dessus est dict, ou demeurarent deux jours et une nuict, ou feirent beau copt de deppans et fraictz, montans à 52 liv.

Disent en oultre lesd. scindicz, consulz et habitantz que le 26e de décembre aussi dernier, ilz avoient reçeue commission de la court suppréme de parlement de Tholose, dirigée à nouble René de Grammont, sgr de Montastruc, et icelluy de Grammont, illec présent led. jour, auroit surrogé lesd. consulz et donné mandement ainsi que appert par la coppie y attaché de lad. commission, de faire rompre partie du pont dud. lieu, et y faire ung pont levys, et enfoncer les bateaulx estant sur la rivière de Garonne aud. lieu, et faire bonne et seure garde pour que lesd. rebbelles et hennemys dud. sgr ne s'en puyssent ayder, à quoy ilz auroient offert obéyr et faire leur devoir, et la nuict mesmes mysmes et pausâmes les gardes, et coppé partie dud. pont pour apprès en y faire ung levis.

Et adveneu le 28e jour dud. moys de décembre qu'est deux jours après avoir reçeu lad. surrogation et mandement, lesd. consulz ayant faict commencer de trebailher à la repparation dud. pont levys, et pour lad. nuyct mysses gardes et sentinelles aud. pont coppé, et aultres lieulx nécessaires, entre les onze et doutze heures de nuict, seroient illec venuz aud. pont ung grand nombre de soldardz à pié et à cheval, incogneuz, que auroient voleu entrer par force dans led. lieu, et gaigner led. pont, venans par le cousté de Foix et voulans passer vers le pays de Béarn, lesquelz n'auroient daigné dire leur nom, soy faire cognoistre, ny respondre à la sentinelle que leur en auroict requis. Quoy voyant, lad. sentinelle auroit cryé la alarme de sorte que toutz les habitantz dud. lieu comme esbays et pensant feussent ceulx de lad. prétendue religion et sédicieulx, se levarent en armes et criarent, tant petitz que graudz, et firent sonner le toqseing de lad. heure de deux, nuyct, jusques à l'aube du jour, et le jour venu feust entendeu que n'estoit poinct ceulx que l'on entendoict, car c'estoit le cap^ne Barbazan et sa compagnie que avoit vouleu passer sans vouloir parler, ne dire son nom, comme dict est.

Aussi disent lesd. consulz et habitantz que aud cry et toqseing se assemblarent et vindrent aud. lieu de Sainct-Marthoire environ troys mil personnes, tant petitz que grandz, de toutes partz et lieulx circonvoisyns, pour leur bailher ayde et secours, avec plusieurs et divers arnois, et pour le devoir qu'ilz avoient faict à leur venir présenter ayde et secours lesd. consulz et habitantz dud. Sainct-Marthoire en firent prendre le boyre et manger aud. lieu, et despendirent pour lesd. deppens de bouche, 74 liv.

Davantaige disent lesd. consulz et habitantz que affère led. pont levys ilz y ont vaqué plusieurs journées et forny, tant en fuste que aultres chouses, la somme de 55 l.

En oultre disent que despuys led. jour, 26e de décembre, auroient ilz faict faire garde et sentinelle toutes les nuictz et jours jusques au présent moys de mars que en font encore, et despuys led. temps ont despendeu tant en poudre d'arquebuze, pour bailher aux souldartz chandelles, boys à chaufer, estant besoing et nécessaire à faire et tenir lad. garde, que ont despendeu en la somme de 42 liv.

Et combien que pour led. tocseing, ny reffuz faict aud. Barbasan et sa compaignie, lesd. consulz et habitans n'en deussent en rien patir, ny estre blaymés, ce néantmoings, led. sgr de Barbasan auroit uzé de plusieurs menasses, envers lesd. consulz et habitans, de les destruire en corps et en biens, de sorte que en allant à la montanhe faire traffique de marchandisse, ne y aussent passer, de sorte qu'est grand intérest à quoy vous plaira entendre.

Si disent lesd. consulz que le sgr de Roquefort, corronel, au commencement que assembloient compaignies, manda ausd. consulz faire assemblée tant de gens que se pourroient trober à faire armes pour le service du roy, aud. lieu de Sainct-Marthoire, et les envoïer en la ville d'Aurinhac avec ceulx des aultres villes et villaiges de la castellanie dud. Aurinhac, et en y allèrent envyron 100 hommes, et pour les frayer des despans, despandirent 25 liv. — Et ce faict, despuys, led. sgr de Roquefort pour avoir assisté aud. Aurinhac et pour ses despans auroict reçeu desd. consulz 14 liv.

De mandement desd. consulz : DILHAN.

(Arch. de Muret. — États de Muret, mai 1569.)

L.

1569. — MAI.

JEAN DE MONLUC ET UNE IMPOSITION A LEVER EN COMMINGES.

Jehan de Monluc, evesque et comte de Valence et de Dye... au juge du comté de Comenge, ou son lieutenant, salut.

Comme sur l'exéquution des lettres patentes de sa Majesté et de subrogation du général de ses finances en Guyenne pour l'imposition de dix livres dix soulz sur chascune paroisse, par chascun mois, durant trois mois, se seroient meuz plusieurs différentz et difficultez, au moïen desquelles vous n'auriés peu faire [exécuter] l'intention de sadite Maiesté, à cause de quoy aulcuns délégués dud. païs et recepte de Comenge seroient venus vers nous et faict remonstrances des misères, paouvretés et calamités que y sont à cause des foules, charges et ruynes qu'ilz y ont endurées par l'injure de ce temps, et que lad. imposition ne peult estre faicte en plusieurs endroictz d'icelluy païs, pour les dangiers et occupations d'aulcunes villes et lieux dud. païs circonvoysins, désirant néanmoins les gens des Estatz dud. païs, comme bons et loyaulx subiectz secourir sad. Maiesté de tout leur pouvoir, et pour faire cesser lesd. différentz et faciliter le recouvrement des deniers, partant nous ont supplié et requis leur vouloir commuer lad. imposition à quelque honeste et raisonnable somme ayant esgard aux foules et charges qu'ilz ont supportées durant les troubles, et à leurs moïens et facultés, qu'ilz pourront imposer ainsi que mieulx adviseront et s'ayder des moïens portés par lesd. lettres, sans toutetfois que lad. convention et imposition puisse estre tirée en conséquence à l'advenir.

A ces causes inclinant à la prière susdicte, nous avons commué lad. imposition de dix livres dix soulz, à la somme de six mil livres tournois, laquelle vous despartirés et imposerés avec l'advis des scindicz et députés desd. Estatz, en vos loyautés et consciences, sur les contribuables aux tailles ez lieux non occupés dud. comté et recepte de Comenge et ses aydes, et desquelz les deniers se pourront facilement recouvrer, soulz la faculté de se pouvoir ayder et rembourcer sur les biens des fabricques, s'il y en a, selon et ainsy qu'il est porté par lesd. lettres patentes, et icelle dicte somme de six mil livres tournois, avec lesd. fraix de douze deniers pour livre fairés incontinent cuillir, lever et assembler, et iceulx mettre et délivrer ez mains du fermier général des finances de sad. Majesté aud. pays et Généralité de Guyenne...

Donné à Condom, le 23e jour de may 1569.

Monluc, *E. de Valence, ainsy signé.*

(Arch. de Muret. — États de Muret, juin 1569.)

LI.

1569. — Mai.

M. de Fontenilhes et l'exemption des gens de guerre en Comminges.

Les consuls de Muret, après avoir eu communication de la commission donnée par Mgr de Monluc... à Mgr de Fontanilhes... pour tenir garnison dans les villes que verront estre plus requis et nécessaire dans la comté de Comenge, et entendu ce que nous a esté communicqué de la part de maistre Dominicque Pontic, scindic du Tiers Estat de lad. comté, et sire Arnauld Cotray, consul de Samatan, sommes d'avis, réservé le meilheur, que led. Pontic et m^e^ Anthoine Cambornac, bachelier ez droitz, doibvent aller à toute diligence devers led. s^r^ de Monluc, à la part où led. s^r^ sera pour mettre à deue exécution la delibération arrestée aux Estats dernièrement tenus et convocqués en lad. ville de Muret... et prier led. s^r^ que luy plaise continuer l'exemption qu'il luy a pleu vous donner aud. pays et comté de Comenge de gens de guerre tant de pied que à cheval, de son authorité et amour paternelle que luy a pleu estandre sur nous et serons continuellement affectionnés en dévotion à prier Dieu pour ses nobles estatz, personne et sancté, et cependant monsieur de Fontanilhes sera prié et supplié vouloir surseoyr et attendre la responce dud. s[r] de Monluc en considération de ce que led. pays de Comenge a esté conservé sans taiche de aulcune nouvelle oppignion, et norry trente troys bandes de gens à pied faictes et tenues aud. pays despuis le moys de septembre dernier, et le passaige de celles là moindre y a de moins deux moys, sans en ce comprendre les compaignies des s[rs] de Gramont, de la Vallète et de Négrepelisse, pour l'entretenance desquelles troys compaignies, en mesmes temps, le pays de Comenge y a despendu de dix huit à vingt mille livres, ce que nous espérons et croyons led. s[r] de Fontanilhes accordera comme père et protecteur dud. pays et comté.

(Arch. de Muret. — États de Muret, juin 1569.)

LII.

1569. — Mai.

Lettre d'Odet de Benque au greffier des États au sujet du camp de Béarn[1].

Galabert,

Il y a ung gentilhomme de ce pays de Comenge lequel est envoyé part desça par le commandement de Mr de Terride desquoy il demande une grosse quantité de vivres pour envoyer en Béarn pour fournir à la norriture du camp que led. s[r] a là. Pour ce est-il nécessère besoing y donner ordre promptement et fault que advertissés ung de chesque chastèlenie pour entendre tout le faict pour rendre response aud. s[r] de Terride, et assignés-les à dimenche prochain que sera XXIIe de ce présent moys de may, et adviserés que il n'y aye que ung de chesque chastèlenie affin de fuir despence au pays, et quant à moy je m'y trouveré led. jour, qu'est fin, me recommandant à vous.

De Montagut, ce XVIe de may 1569.

Vostre bon amy : Odet de Benque.

A *Galabert, greffier des Estatz de Comenge, à Muret.*

(Arch. de Muret. — États de Muret, juin 1569.)

---

[1] Voy. *Huguenots en Comminges*, pp. 38-44.

LIII.

1569. — Mai.

B. de Monluc et la contribution du Comminges au camp de Terride en Béarn [1].

Blaise de Monluc... lieutenant général au gouvernement de Guienne, à tous cappitaines, chefz et conducteurs de gens de guerre, tant à cheval que à pied, mareschaulx de lougys, leurs forriers et aultres officiers et subiectz dud. s[r] [Roy], ausquelz ces présentes seront montrées, sçavoir faysons que en considération de la fidellité que a tousiours esté aulx habitans de la compté de Commenge et leurs aydes, et de l'obéyssance qu'ilz ont portée et portent aulx commandementz et ordonnances du roy et nostres, jusques à employer leurs vyes et biens, mesmes en ses troubles passés et ceulx que sont aujourd'huy, ayant entretenuz les compaignies des sieurs de Gramont, Fontanilhes, Nègrepelisse, La Vallète, Mascaron, Roquefort, Barbassan, Montastruc, La Ylhère, ayant demeuré en garnison sur led. pays et Aydes, oultre une infinité d'aultres forces, et despencés au moyen d'aultres plusieurs compagnyes qui se sont faictes et passées, et encores aujord'huy ont ilz sur leurs bras lad. compagnye dud. s[r] de La Vallette en garnison en la ville de Muret, en vertu de la commission que luy avons expédiée à Saincte-Foy le treiziesme du moys d'apvril dernier passé, auquel Muret oultre et part lad. compagnye dud. s[r] de La Vallète y est le seigneur de La Ylhère avec une compagnye de gens de pied, aulx despens dud. pays et ses Aydes, comme les scindicz d'icelluy nous ont faict entendre par leurs depputtés ; et d'aultre part, que aujourd'huy sont cothizés de plusieurs grandes et noutables sommes pour le faict de la guerre et service du roy, et moyennant ce, cy devant avons ordonné que led. comté de Commenge et ses Aydes qui sont de nostre gouvernement ne contribuera en aultres garnisons, pourtement de vivres, ne pionniers.

Ce non obstant, certains commissaires depputés par le s[r] de Terride... commissaire pour sa Majesté députté pour prendre et

[1] Cf. *Les Huguenots en Comminges*, p. 42.

tenyr à l'obéyssance d'icelle le pays de Béarn et Navarre, s'efforcent les cothizer et vexer par grandes quantités de bledz, avoynes, bestailh et aultres vivres pour l'entretènement du camp de Navarre, duquel sont loing de traute à quarante lieues, et ne sont dud. gouvernement de Navarre et Béarn, tellement que c'est charge à eulx insupportable.

A ceste cause et affin d'esviter désordre, et que l'une province de nostre dict gouvernement n'entrepreigne rien sur l'aultre, et pour ne foler entièrement led. pays de Commenge et ses Aydes, nous, en pourvoyant à tout ce dessus, bailhons et ordonnons que led. pays et comté de Commenge et ses Aydes jouyssent des exceptions que leur avons cy-devant despêchées, lesquelles confirmons, et par ces présentes, aultant que de besoing, les exemptons de lad. cothization desd. vivres aud. camp de Navarre, vous commandant les en laysser jouyr et ne les cotizer, ny constraindre aulcunement, lez prohibant et deffandant ne y obéyr sans nostre exprès mandement, sur peyne de dehobéyssance et de dix mil livres, et où pour rayson de telles cotizations et contraventions auroient esté faictz prisonniers aulcung, ou seroient emprisonnez cy après, et saysi biens, vous mandons et commandons fère commandement aulx détampteurs d'iceulx les mectre en liberté et délivrer lesd. biens sur mesmes peynes, etc...

Donné à Agen, le 25e jour de may 1569.

De Monluc.

Par mond. seigneur : Boéry.

(Arch. de Muret. — États de Muret, juin 1569.)

LIV.

1569. — Mai-Septembre.

Publication de la levée du ban et arrière-ban en Comminges pour le service du roi.

1. — Appel du roi.

De par le roy et mandement de Mr le sénéchal de Tholose.

Est mandé à tous chevaliers de nostre Ordre, gentilshommes de nostre chambre et aultres gentilshommes quelconques noz subiectz, cappitaines et soldatz qui ne sont sexagénaires, aymant leur réputation et honneur, ayent à se treuver dedans le vingtiesme du mois de juing près nostre frère avec armes, chevaulx, à tel équipage qu'il leur convient avoyr pour nostre service, à la conservation de nostre royaume et deu peuple, horsmys ceulx qui seront à la garde de nos villes, places et chasteaux, et quant à ceulx de la religion nouvelle ausquelz nous avons permis demeurer en leurs maisons soubz le bénéfice des édictz, nous voulons et entendons qu'ils soient conservés, et néanmoins si aulcuns d'eulx avoyent volonté de nous venir servir en la présente occasion, le fairont entendre au gouverneur de la province pour nous en advertir, ou nostre dit frère, affin que leur faisions sçavoyr sur ce nostre intention avant que partir de leursd. maisons.

Voulons aussy et entendons que les gentilshommes de nostre maison, archiers de noz gardes, ayent à nous venir treuver dans led. vingtiesme de juing la part que nous serons pour nous accompagner en nostred. armée où nous délibérons nous achemyner au plus tost qu'il nous sera possible, et encore que nous soyons assurés qu'il n'y a aulcun d'iceulx quy ayment nostre service, et qui ont la conservation d'icelluy, de nous, de nostre royaume et du peuple en recommandation qui veuille se monstrer de si peu de cœur que défaillir se treuver près de nous pour nous servir en ceste tant importante occasion, néanmoins affin d'estre trop mieulx esclaircy de ceulx qui seront les moins promptz et affectionnés à y obéyr et lesquelz ne satisfairont à ce que dessus, nous voulons et vous mandons que aussy tost après lad. proclamation vous faciés faire diligente perquisition et reserche par tous les endroictz de vostre ressort de ceulx qui seront demeurés en leursd. maisons, desquelz vous nous envoyerés les noms et lieux de leurs demeures affin que nous facions procéder à l'encontre d'eulx par les peynes qui nous sembleront estre convenables et requises en tel et si portant affaires, de faiçon que tous aultres y prennent exemple, et à ce ne faictes faulte. Car tel est nostre plaisir.

Donné à Sainct-Maur des Fossés le 26e jour du moys de may 1569. *Ainsi signé :* CHARLES.

Et plus bas : DE NEUFVILLE. Et au dos : *A nostre amé et féal le séneschal de Tholose ou son lieutenant.* — Extraict à son propre original : Bosquet, *signé.*

(Arch. de Muret. — États de Muret, décembre 1569.)

2. — Lettre de Jean de Borderia, juge de Comminges.

Messieurs, je reçeuz yer à Muret commission de mr le séneschal de Tholose avec coppie des lettres patentes de la Majesté du roy, lesquelles je fiz incontinent à son de trompe et cry public publier en la ville de Muret que vous sont envoyées afin d'en faire le semblable en la ville principalle et capitalle de vostre siége, et néanmoings faire mettre par rolle le nom et surnom de tous les seigneurs, gentilshommes, et des tenans fiefz nobles en vostre chastellenye sans leur excepter nul, soict chevallier de l'Ordre, gentilshommes de la Mayson, gentilshommes servans, capitaines ou aultres, et le me envoyerés pour le faire tenir tant à mr de Monluc que à mr de Joyeuse... Qu'est l'endroict où me recommande à vostre bonne grâce priant Dieu vous tenir en sa garde.

De Tholose, ce 20e juing 1569.

Vostre frère, bon amy et prest à vous obéyr,

J. de Borderia, *régent.*

A Messrs les lieutenantz du Juge de Comenge.

(Arch. de Muret. — États de Muret, décembre 1569.)

3. — Autre lettre de J. de Borderia.

Monsieur Boffat, faictes autant de dobles de la commission que je fis publier yer à Muret que sera besoing pour envoyer à chascun des siéges de Comenge, et j'ay faicte une lettre particulière à chascun des lieutenants par laquelle leur escriptz que je leur mande la fère publier le plus diligemment que pourront, et néanmoings que m'envoyent par rolle le nom de tous les chevalliers de l'Ordre, gentilshommes de la Chambre et Maison du roy et aultres gentilshommes soyent capitaines ou soldatz de leur chestellenie, aux fins de sçavoir entendre et cognoistre ceulx qui sont au service du roy actuellement, et ceulx qui n'y ont poinct esté et sont encores en leurs maisons, sans nul excepter, affin d'envoyer led. rolle tant à monsr de Monluc, lieutenant pour sa

Maiesté au pays de Guyenne, que au s[r] de Joyeuse, lieutenant au pays de Languedoc, suyvant le mandement du roy et injonctions que en ont esté faictes par sad. Majesté, qu'est l'endroict où me recommande à vostre bonne grâce, priant Dieu vous avoir en sa saincte et digne garde.

De Tholose, ce xxe juing 1569.

Vostre meilleur amy, J. de Borderia, *régent.*

A Monsieur Boffat, greffier en la judicature de Comenge. — A Muret.

(Arch. de Muret. — États de Muret, déc. 1569.)

4. — Missive de Jean de Borderia a Villa, son greffier.

Monsieur Villa, incontinent veue la présente ne fauldrez faire publier la crie que vous envoye et en faictes procès verbal, et après l'envoyés ou coppie d'icelle aux aultres siéges pour en faire aultant, et leur mandés expressément qu'en facent procès verbal, me recommandant à vostre bonne grâce, priant Dieu vous avoir en sa guarde.

De Tholose, ce xxxe d'aoust 1569.

Vostre bon amy, J. de Borderia.

A Monsieur, Monsieur Villa, greffier. — Muret.

[Cote :] Missive de Mr de Borderia, juge de Comenge, envoyée pour faire publier la crye du ban et rièreban.

(Arch. de Muret. — États de Muret, décembre 1569.)

5. — Injonction du sénéchal de Toulouse.

Guy de Castelnau et de Clermont... sénéchal de Tholose et Albigeois, au régent commis en la judicature de Comenge ou lieutenant, salut.

Nous vous mandons et commandons par ces présentes que incontinent icelles reçeuez, tous aultres affaires délaissées, vous faictes publier en vostre judicature et lieux d'icelle acostumés à fère cryes et proclamations la crye que s'ensuyct :

De par le roy et de l'authorité de m[r] de Dampville, mareschal de France, etc., et de mandement de m[r] le seneschal de Tholose est enjoinct à tous gentilshommes et aultres subiectz au ban et arrière-ban de se rendre au camp dud. s[r] mareschal et en rapourter dans huict jours certifficat de luy signé, comme ilz se sont randuz en l'équipaige qu'ilz sont teneuz, aultrement sont teneuz pour deffalhans, et quant à ceulx qui sont teneuz contribuer en deniers, leur est faict commandement dans led. délay iceulx apourter et mettre devers le recepveur comys, aultrement à faulte de ce faire seront exécutés au quadruple et constrainctz, par saisie de leurs biens et par corps, au payement dud. quadruple, et pour le regard de ceulx qui se sont randuz defalhans et aultres qui se sont présentés et n'apportent certifficat dud. s[r] qu'ilz sont au camp, seront mis comme deffailhans, et pour le proffict dud. deffault sont condampnés chascun d'iceulx qui sont chargés de faire ung cheval légier, en la somme de 300 liv. d'amande envers le roy, et de plus, plus, et de moings, moings, à l'équipollent qui sera apliqué à la solde des soldatz entretenuz à son service, aud. camp, pour les deniers estre mys entre les mains du trésorier de l'extraordinaire des guerres, pour estre employés suyvant les Ordonnances; au payement de laquelle émande seront constrainctz les condempnés à leurs despens par saisie et vente de leurs biens et par corps.

Et ne sont teneuz pour exemptz dud. service aucuns, fors que ceulx qui sont près de la personne de la Majesté du roy et de m[r] son lieutenant général, représentant sa personne par tout le royaume et pays de son obéyssance, et en leurs camps, et parellhement ceulx qui sont des ordonnances, servans actuellement, et tous ceulx aussi qui sont près dud. s[r] mareschal, de qui ilz apourteront attestatoires suffizantes de sa Majesté, ou dud. s[r] lieutenant. Et quant à ceulx des ordonnances de leur cappitaine, commissaire et contrerolleur qui ont faict la dernière mostre, et pour le regard de ceulx qui sont près dud. s[r] mareschal et aultres qu'il tient pour exemptz, en rapourteront certifficat signé de sa main dans huictaine après la publication, aultrement seront exécutés comme dessus.

Faict à Tholose, le XXIIIe d'aoust 1569. Et de ce que faict aurés dheuement nous certiffiés par vostre procès-verbal que sur ce faict aurés, etc...

Donné à Tholose, le XXVe d'aoust 1569.

De Rochon, *juge mage*.

✝ Sceau. Bosquet.

Au régent de Cumenge ou son lieutenant.

M'a esté baillé et délivré par Poget ce xxxe d'aoust 1569 à six heures du matin : J. de Borderia, *régent.*

[Publié à Muret le même jour, quatre heures après midi.]

(Arch. de Muret. — États de Muret, décembre 1569.)

6. — Deuxième injonction.

Guy de Castelnau et de Clermont, etc..., seneschal de Tholose et Albigeois au régent commis en la judicature de Comenge ou lieutenant, salut.

Nous vous mandons et commettons par ces présentes que incontinent icelles receues, tous affaires délaissés, vous faictes publier par tous les lieux acostumés de vostre judicature la crye que s'ensuyt :

De par le roy et de mandement de m^{r} le seneschal de Tholose.

Comme par ci-devant le roy aïant mandé à tous chevalliers de l'Ordre n'estans séxagénaires l'aller treuver et randre en son camp près son frère m^{r} le duc d'Anjou, son lieutenant et représentant sa personne par tout son royaulme pour le servir ez occasions qui se présentent tant urgentes pour la conservation du royaulme, touttefois ayant esté adverty ung grand nombre d'iceulx mesprisant le commandement sont demeurés en leurs maisons sans avoir faict aucune démonstration d'en voloir partir pour y obéyr, ce que tesmoigne assés quelle est leur voulampté et en quelle recommandation ilz ont leur honneur, d'autant que au lieu qu'ilz doibvent estre les premiers à cheval pour monstrer le cheval, servir d'exemple aulx aultres gentilshommes puys qu'ilz ont cest honneur d'estre receuz aud. Ordre, demeurans ainsin inutilles et oysifz en leursd. maisons et négligens aud. commandement, ilz apprennent à ceulx qui ont la volampté bonne de faire le semblable, ce que estant par sa Majesté concidéré de quelle importance il est à son service et combien il est raisonnable que ceulx qui ont receu cest honneur recognoissent l'obligation qu'ilz en ont en faisant service et se monstrant dignes d'icelluy par leur déportement et actions :

A ceste cause, ensuivant la lettre cloze dud. s^{r}, est mandé à tous chevalliers de l'Ordre n'estans séxagénaires se rendre le mieux accompagnés qu'ilz pourront au camp et armée de sa Majesté dans le premier jour de septembre prochain venant, sans y faire aucune faulte, fortz et excepté ceulx qui sont employés au gouvernement des provinces, villes et aultres places qu'ilz fairont apparoir devant estre en quelque aultre endroict pour son service, faisant inhibition à ceulx qui ne sont encores botgés dans led. premier jour de septembre pour l'aller treuver, de ne se prévaloir aucunement de cest honneur d'estre de sond. Ordre, comme indignes d'icelluy.

Faict à Tholose, le dernier d'aoust 1569.

Et de tout ce que faict aurés dheuement nous certiffiés par vostre procès verbal que sur ce faict aurés, mandant en oultre à tous les justiciers, officiers et subietz du roy que à vous, ce faisant, obéissent, de ce fère vous donnons pouvoir.

Donné à Tholose, le premier jour de septembre 1569.

De Rochon, *juge mage.*

+ *Sceau.* Bosquet.

Au régent de Comenge ou lieutenant. — Crye pour Mrs les chevaliers de l'Ordre du roy.

* * *

L'an 1569 et le 4e jour du mois de septembre, par nous Galhard Gagin et Jean Claverie, sergent et trompette de Muret, en la place et rues publiques de lad. ville, lieux acoustumés à fère les cryes, à son de trompe, haulte voix et cry publique, a esté leue et publiée la crye de l'aultre part scripte, de mot à mot, selon sa forme et teneur...

G. Gagin.

(Arch. de Muret. — États de Muret. décembre 1569.)

7. — Troisième injonction.

Guy de Castelnau... seneschal de Tholose et Albigeois, au régent commis en la judicature de Cumenge et lieutenant, salut.

Nous vous mandons et commandons par ces présentes que incontinent icelles reçeues, tous aultres affaires délaissés, vous faictes publier par tous lieux de vostre judicature, acostumés à fère cryes et proclamations, la crye que s'ensuyt :

De par le roy et de mandement de mr le seneschal de Tholose et ensuivant la lettre cloze du roy est commandé à tous ses bons serviteurs, espéciallement à tous ceulx qui sont de sa gendarmerie, que suyvant la publication dernière de la mostre d'icelle qui en a esté faicte ilz ayent à se randre au camp de sa Majesté au plutost qu'il leur sera possible et en tel équipage qu'ilz doibvent pour son service en ceste présente occasion, pour laquelle il leur faict assavoir son arrivée aud. camp afin qu'ilz soient induictz et admonestés de le y venir treuver plus affectionnement.

Faict à Tholose, le dernier d'aoust 1569.

Et de tout ce que faict aurés féablement nous envoyés et certiffiés par vostre procès verbal que sur ce faict aurés... Donné à Tholose, le premier jour de septembre 1569.

De Rochon, *juge mage.*

† *Sceau.* Bosquet.

*
* *

Cumenge. — Crye de gendarmerie. — [Publié à Muret, le 4 septembre 1569.]

(Arch. de Muret. — États de Muret, décembre 1569.)

8. — Lettre du juge de Comminges a son greffier.

Monsieur le greffier, je vous envoye deux commissions qui m'ont esté présentement baillées par mr le seneschal de Tholose pour faire publier tant en la ville de Muret que aultres lieux du siège, lesquelles vous ne fauldrés incontinent fère publyer à Muret et envoyarés aux aultres siéges pour en faire le semblable et en ferés procès verbal pour vostre descharge, qu'est à l'endroict où me recommande à vostre bonne grâce, priant Dieu vous avoir en sa guarde.

De Tholose, ce iii septembre 1569, heure de midy.

Vostre bon amy : J. de Borderia.

A Mr Mr Villa, greffier du juge de Comenge, à Muret.

(Arch. de Muret. — États de Muret, décembre 1569.)

LV.

1569. — Janvier.

Le Comminges et le siège du Carla, de Mazères et du Mas-d'Azil.

Le premier mouvement des États de Comminges invités à fournir des munitions et des vivres pour l'entretien des compagnies envoyées au Carla, au Mas-d'Azil et à Mazères, avait été de refuser toute contribution, Blaise de Monluc ayant déclaré « que ceulx de son gouvernement [de Guyenne] ne contribueront avec ceulx de Languedoc ». Mais le vicaire général de Couserans opina en sens contraire, vu la proximité des ennemis, et proposa d'envoyer au pays de Foix les deux compagnies de M. de Roquefort, ainsi que les vivres demandés[1]. M. de Lamezan accordait seulement les vivres, et MM. de La Bastide de Savès et de Castelgailhard estimaient qu'on devait « députer deux personnes pour aller marchander sur le lieu », afin de diminuer les frais d'achat et de supprimer ceux de « charrois et conduicte ». Buse, premier consul de Muret, accordait les vivres, sauf diminution sur la totalité demandée, afin de sauver le principe de la non contribution forcée. Le procès-verbal de séance ne précise pas quelle fut l'opinion des consuls de Samatan qui avaient quitté l'assemblée afin de délibérer à l'aise. C'est alors que le procureur du roi débita sa harangue et fit « rapport [comparaison] des pleurs de Jérémye, Mathatias et aultres pour la calamité du temps, procédant de noz iniquités et noz faultes ». Il exhorta les États à contribuer aux compagnies et aux vivres. Son sentiment fut suivi.

Délibération des États pour l'envoi et l'entretien de deux compagnies au Carla, au Mas-d'Azil et à Mazères.

Pour la nécessité occurante et pour les causes justes et légitimes qui se présentent les habitants du pays de Comenge, sans estre tiré à conséquence et pour l'obéissance qu'ilz ont à Dieu, au roy et au service de sa Maiesté, profit et utilité publicque, afin de extirper et rompre les séditieux, rebelles et désobéissans à la

[1] En ce moment la ville de Saint-Lizier risquait fort d'être envahie. Les États y entretenaient quinze hommes de garde, considérant cette place comme « dangereuse ». Mais les soldats n'y recevaient que six livres par jour, ainsi qu'à Muret, d'où difficulté de recruter des hommes à ce prix. Beaucoup préférèrent aller au siège du Carla, du Mas-d'Azil et de Mazères, où ils étaient payés plus cher : « Sire Pierre Gestes, pour les villages, ne peuvent recouvrer personnes pour le service, a cause que s'en sont allés au camp, mesmes veu la modicité du taux ». — *Ibidem*.

maiesté divine et du roy, et pour réduire et remettre les villes par iceulx séditieux occupées ez lieux du Carla, Maz-d'Azil et Mazères, au comté de Foix, assés prochains dud. pays de Comenge [1], ont accordé pour satisfaire aux commandemens de la cour de parlement et du sr de Bellegarde, chevalier de l'Ordre du roy... et du sr de Monluc... faire payer deux compagnies du sr de Roquefort, au prix et taux ordonné par led. sr de Monluc [2], et pour ce faire a esté enjoinct au trésorier du pays, en toute diligence, avancer denier pour faire led. payement et l'envoyer au camp dressé par led. sr de Bellegarde au Carla et Mas-d'Azilz, aussi ont accordé pour mesmes occasions fornir la moytié des vivres et pyonniers demandés aud. pays, et pour accorder sur le lieu et à la meilleure condition que se pourra trouver de bledz, avoynes, bœufz, moutons et foin, led. pays a commis et déppputté le sr de La Bastide des Sçabés, illec présent, pour se transporter aud. camp, devers led. sr de Bellegarde luy priant de par led. pays qui a souffert et enduré le passage de xxxv compaguies, puys les derniers troubles, se vouloir contenter, et ordonner le temps auquel il fauldra porter lesd. vivres, et cependant lesd. pyonniers seront envoyés à toute diligence, et du surplus se vouloir contenter, et semblable remonstrance faire aux sieurs de la cour estans aud. camp, suppliant aussi les habitans du pays de Languedoc, où semblable et pareil

1 Dans une requête adressée aux États de Muret, le 23 janvier 1570, Bernard Caballiy, sindic de Couserans, Dominique de Saint-Silvestre, consul de Saint-Girons, et Dominique Boéri, sindic de Montespan, rappellent qu'au Carla, au Mas-d'Azil et à Tarascon « sont lesd. rebelles et séditieux lesquelz courent et ruynent lesd. aydes... ». En ce moment, les compagnies de Roquefort et Montastruc y sont, « ensemble aultres compagnyes du camp qui y est de par le roy ».

2 Par lettre datée de Muret, le 22 janvier 1569, les États communiquèrent à Bellegarde cette résolution : « Monseigneur, vous sçavez et cognoissés la pouvreté et calamité du pays de Comenge où vous avez une partie de vostre bien, et combien les habitans d'icelluy ayent souffert et enduré grandes charges par le passage des bandes et compagnies levées en icelluy pays, ce néanmoings pour la grande occasion et nécessité occurrante ilz ont offert payer les deux compaignies du sr de Rocafort, suyvant le taux et ordonnance du sr de Monluc et aussy la moytié des vivres et pyonniers par vous et la court de parlement demandés, et pour mieulx y pourvoir et adviser est envoyé le sr de La Bastide qui a interest pour luy et pour ses subiectz, lequel il vous plaira croire, que sera l'endroict, Monseigneur, où nous prierons le Créateur vous donner, en toute félicité, très heureuse et longue vie et victoire contre les séditieux et rebelles ». (États de Muret, décembre 1568 et janvier 1569.)

cas se présenteroit, — dont Dieu nous veuille secourir et défendre, — de vouloir ayder et secourir led. pays de Comenge de semblable subvention [1].

(Arch. de Muret. — États de Muret, dec. 1568 et janv. 1569.)

LVI.

1569 — Juin.

Monluc et la défense de l'Agenais.

Par ordonnance du 2 juin 1569, Blaise de Monluc enjoignit la levée de mille arquebusiers destinés à défendre l'Agenais contre les tentatives des religionnaires. Le Comminges fut appelé à contribuer à l'entretien de ces hommes d'armes. A Muret on reçut le 18 juin l'ordonnance de Monluc sur laquelle les États délibérèrent peu après. On verra à la suite de cette première pièce quelle fut la réponse des États.

1. — Ordonnance de B. de Monluc.

Blaise de Monluc... aux gens des Estatz de la comté de Comenge et chascun d'eulx seul, salut.

Les catholiques et habitans du pays et recepte d'Agenois nous ont remonstré que journellement ilz sont vexés, fachés, pillés et molestés par les rebelles et séditieux qui ont prins les armes contre le roy, qui vont et marchent de jour et de nuict en grande compagnye et troupes en armes, pillant et saccageant les villes, villages, maisons et mettairies desd. catholiques, ravissant leurs meubles et vivres, admenant prisonniers les plus riches et apparans, dans les villes et forteresses qu'ilz tiennent en leur subiection, et illec les font ransonner et extorquent plusieurs grandes sommes de deniers, thuent et massacrent lesd. catholiques et gens ecclésiastiques, violent les femmes et filles, bruslant leurs maisons,

[1] Parmi les sommes allouées par les États on remarque cet article : « Pour la paye des deux compagnies du s^r^ et baron de Roquefort, pour ung moys, à compter du quinziesme de ce présent moys de janvier [1569], estant employés pour le service du roy contre le Mas-d'Azil et Mazéres... 1756 livr.

« *Item*, aux soldatz de la ville de Muret qui ont accompaigné la monition de la poldre et boletz pour le camp contre le Carla, pour leur despance... 5 liv.

« *Item*, pour troys vingtz pyonniers, 250 cestiers bled, 600 cestiers avoyne, 600 moutons, 15 beufz, 250 quintalz foin, pour le camp estant dressé pour le service du roy contre le Mas-d'Azil, le Carla et Mazéres, la somme de 3.233 livr. » — *Ibid.*

granges et les églises. Davantage, se jactent prendre et emprunter la prochaize cuilhète de toutz leurs fruictz, au moïen desquels excès sont constraincts laisser et abandonner leurs biens. Pour à quoy obvier, pourvoir et maintenir led. pays en l'obéyssance du roy, nous aurions advisé faire faire des assemblées de mil harquebuziers des mieulx armés et aguerris qu'il sera possible treuver aud. pays.

Par quoy, et affin que lesd. catholiques puyssent vivre et demeurer en paix, soubz l'obéissance de sa Majesté et en la religion catholique, apostolicque et romaine, et que ung chascun des subiectz de sad. Majesté puyssent estre maintenus et vivre en l'obéissance des édictz dud. s[r], nous vous mandons et enjoignons faire une cotization sur les villes et juridictions dud. pays et recepte de Comenge et ses aydes contribuables aux tailles, le plus justement et également que faire se pourra, du nombre de mil harquebuziers de qualité que dessus, duquel nombre de mil harquebuziers les cent seront convertis et levés en argent pour les gaiges des trois cappitaines, trois enseignes, sergens et caporalz, et aultres menus fraiz nécessaires, et les neuf cens soldatz restans, nous voulons et entendons que les consulz desd. villes et jurisdictions ayent admener, conduire et présenter avec leurs dites armes dans la ville de Muret, le 25e jour de ce présent mois de juing, et à mesme jour apporteront aussy la somme à laquelle seront cotisés pour lesd. gaiges, ausquels dictz jour et lieu sera baillé et ordonné cappitaines et aultres chiefs pour les admener, conduire et despartir ou besoing sera.

Voulons aussy et ordonnons que les consulz desd. villes et jurisdictions par vous taxés et cottisés, seront tenuz soldoïer et païer lesd. arquebuziers avec leurs cappitaines et chiefz, et aultres membres, durant l'espace de trois moys prochains qu'ilz seront tenus porter les armes pour la tuition, garde et défense dud. païs, vous permettant imposer sur chascune desd. villes, jurisdictions et ses aydes contribuables ausd. tailles, suivant le rolle de la taille, les sommes de leurs gaiges à raison de cent livres pour chascun cappitaine, cinquante livres pour chascun enseigne... pour chascun sergent et caporal, et neuf livres pour chascun desd. harquebuziers, paiable par mois durant lesd. trois mois seullement et sans tirer à conséquence. Permettant ausd. consuls imposer et lever sur habitans et taillables desd. villes et jurisdictions les sommes esquelles ilz auront esté par vous taxés et cottisés, et constraindre au paiement d'icelles lesd. habitans.

Aussy avons ordonné et ordonnons que lesd. consulz forniront et bailleront hommes capables et suffisans pour faire led. service, et à ces fins leur permettons choysir et prendre et constraindre les hommes plus vaillans et aguerris et adonnés aux armes, chascun en sa juridiction, ausquelz soldatz avons enjoinct et enjoignons venir avec les consuls armés et équipés en lad. ville, et obéir à nostre présente ordonnance, lesquelz allant et venant par le païs, et où ilz seront commandés, vivront de leur solde, sans piller et vexer le peuple aulcunement en leurs personnes et biens, à peine de la hard, et lesd. consulz obéiront à ce dessus à peine d'estre déclarés rebelles, autheurs, fauteurs et adhérans desd. séditieux. Voulons aussy que les deniers de la dite cotisation que par vous aura esté faicte soient baillés entre les mains desd. consulz pour estre baillés et distribués pour les gaiges desd. harquebouziers, cappitaines et aultres chiefs, à la charge de rendre compte et prester le reliqua, etc.

Donné à Agen, le second jour du mois de juing 1569.

Signé : B. de Monluc.

Et plus bas. Par mond. s^{r} : Boéry, et cachetées du cachet dud. s^{r}. — Receu à Muret, le sabmedy xviiie jour desd. mois et an.

(Arch. de Muret. — États de Muret, juin 1569.)

***

Les États, réunis à Muret, prirent connaissance de ce texte le 25 juin. Jean de Saman, archidiacre de Lombez, proposa de dresser des articles et doléances à présenter à Monluc pour lui rappeler « l'impossibilité et pouvreté » où se trouvait le pays. M. de Lamezan, n'oubliant pas qu'en Comminges on avait « les ennemys en barbe » et que la noblesse guerroyait ailleurs pour le service du roi, estima qu'on ne pouvait fournir la contribution demandée. Ainsi opina M. de La Ylère. Les chefs des châtellenies déclarèrent avec Muret que vu les dégâts causés par les religionnaires, « qui sont jusques Saverdun et plus proches que non ceulx de Agen. » il importait avant tout d'entretenir les garnisons commingeoises. Le juge de Comminges, de Borderia, aurait voulu concilier les intérêts de ses concitoyens avec les exigences de Monluc.

Celui-ci ne risquait-il pas de prendre pour marque de mépris ce refus pur et simple de toute contribution ? Jean de Borderia conseilla donc, « pour la descharge de Messieurs des États », de procéder à une enquête relative à la distance des lieux que Monluc voulait protéger afin de montrer que le premier devoir des Commingeois était de sauvegarder avant tout leurs propres frontières. Les chefs des châtellenies furent invités à faire un rapport sur ce point dans huitaine; en attendant on répondit à Monluc en ces termes :

2. — Délibération des États.

... Après avoir entendu la lecture... de la commission à eulx dressée au pourchas et requeste des catholicques habitans au pays d'Agenois pour la levée de mil harquebuziers soldoïés par trois mois pour la tuition, garde et défense dud. pays d'Agenois... ont délibéré que seront dressés *Articles de doléances* pour raison des ruynes, saccagemens, raptes, voleries et oppressions que font les ennemys de Dieu et du roy qui sont à moins de deux lieues dud. pays [de Comminges] et icelluy gastent et oppressent, et des paouvretés, calamités et misères qu'ilz endurent journellement pour raison des troubles et séditions, au moyen de quoy ne peuvent satisfaire au contenu de lad. commission, comme sera plus amplement déclairé par lesd. *Articles*, combien les gens des Estatz ayent très bonne volonté de secourir lesd. catholiques habitants d'Agenois, comme leurs bons amys et voysins, et pour se transporter vers led. s[r] de Monluc a esté commis et député led. [Dominique] Pontic, scindic, pour faire la représentation desd. articles et instructions qui luy seront baillées.

(Arch. de Muret. — Etats de Muret, juin 1569.)

LVII.

1569. — Juin.

Frais du siège de Lescure.

Dans le précédent volume des *Huguenots en Comminges* (p. 47), nous avons éclairé diverses particularités de la délivrance du lieu et château de Lescure en 1569. Actuellement nous pouvons préciser le jour où cette place fut « surprise et invadée ». C'est le 20 juin 1569 « que les rebelles du Mas d'Azilz et ceulx qui estoient eschapés de Léran surprindrent le lieu de Lescure et y entrèrent d'escalade et firent grandz murtres[1] ». Une note supplémentaire permet également d'indiquer ce que coûta au Comminges le siège de cette place, théâtre continuel de guerre, plusieurs fois incendiée :

Suyvant la délibération faicte pour le regard de la subvention demandée par les scindicz de Sainct-Girons et Cozerans pour le recouvrement de Lescure, a esté exéquutée par les susd. s^r de Lamezan et Reynès, consul [de Muret], qui sont partis le second jour de juillet et retournés le dixiesme dud. moys, et ont rapporté et dict que par la vérification qu'ils en ont faicte sur le lieu, ont treuvé que la despence faicte par le camp qui avoyt esté dressé contre led. Solan et aultres ennemys du roy s'estans emparés dud. lieu et chasteau de Lescure qui auroict esté recouvert [*recouvré*] et desmantelé, a monté à la somme de 2.400 liv., et plus, comme appert par les rolles de lad. vériffication...

(Arch. de Muret. — Etats de Muret. juin 1569.)

LVIII.

1569. — Aout.

A propos de l'expédition de Mongonméry.

Les moindres détails relatifs à la célèbre expédition de Mongonméry dans le diocèse de Rieux, en Nébousan et en Bigorre, méritent d'être conservés[2]. Aux renseignements déjà connus, joignons quelques autres notes d'où il résulte que les passages furent surveillés, mais inutilement, dans la région que devait traverser la horde huguenote allant de Mazères à Navarrens.

[1] V. États de Muret. janvier 1570 : *Cahier des vacations de Bernard Cabalby, sindic de Couserans.* — Le 19 février 1575. on demanda aux États réunis à Muret « remboureement de quatre milliers de poudre à canon. 200 balles de calibre ». ensemble les autres frais causés « en argent pour l'attelage et conduycte de l'artillherie au Hault-Pays, aux fins de remettre à l'obéyssance du roy les places et lieux de Lescure. Camarade. Montfa. Mérigon et aultres lieux tenus et occupés par les rebelles ennemys de Dieu et du roy ». Une seconde requête réclamait paiement des frais occasionnés « par la démolition des chasteaux de Lescure et de Solan » (*Loc. cit.*).

[2] Voy. *Hug. en Comminges.* p. 341, et *Hug. dans le diocèse de Rieux.*

La présence d'une compagnie de Bellegarde est constatée sur le territoire de Saint-Julien en juillet 1569. Elle logea « par les mettaries en partie, et aultre, dans la ville, espace de deux jours ». Bellegarde allant à Rieux avait établi provisoirement son camp à Cazères-sur-Garonne, la moitié de sa troupe « passa au port dud. Saint-Julien », où elle causa quelques dommages, notamment le « rompement d'ung basteau et plusieurs cordes rompues[1] ». Le dernier de ce même mois de juillet, Hector d'Ossun, évêque de Couserans, aidé d'une commission de Damville, commandait à la région menacée et cela « à peyne de la corde, de se mettre en armes. » Les sindics de Comminges devaient « desfrayer et fornir les soldatz pour garnir lesd. villes sur le passaige que Mongomméri faisoit, le premier et second d'aoust... ». En ce moment il semble que Bellegarde se fut mis à la poursuite de ce capitaine puisque le sindic de Couserans, Bernard Caballoy, suivant sa trace, se rendit à Bonnefont et à Saint-Gaudens. Toutefois, de Bellegarde passait à Labarthe-Ynard, baronnie d'Aspet, le 3 août 1569, « aux fins de garder de passer les ennemys de Dieu et du roy. » En ce lieu il s'assura de la fidélité des habitants, prit leurs prénoms et noms, et leur fit prêter serment « sur la sainte croix et le *Te Igitur*[2] ».

(États de l'Isle-en-Dodon, 1569, et États de Muret, janvier 1570.)

LIX.

1569. — 31 Aout.

B. de Monluc et la compagnie de Bellegarde.

Le 7 août 1569, Blaise de Monluc avait donné Samatan comme lieu de repos à la compagnie de Bellegarde. La pauvreté du lieu empêcha les gens d'armes d'y séjourner. On a vu précédemment qu'ils avaient évolué vers Cazères et Saint-Julien. Le 31 août ils obtinrent de Monluc l'autorisation de résider en telles autres villes du Comminges « où la commodité et fertilité de vivres... se trouve meilleure ».

[1] Voy. États de Muret, 29 janvier 1570 : *Requête des consuls de Saint-Julien.*

[2] Le 28 août 1569, les capitaines Saint-Michel et Roquemaurel menant cinquante arquebusiers à cheval, passèrent près de deux jours à Montbernard, et

Blaise de Monluc... lieutenant général en Guienne, aux juge, justiciers, officiers et consulz, manans et habitans des villes et lieux de la comté de Comenge, salut.

D'autant qu'il est très nécessaire que la compaignie du cappitaine Bellegarde se refréchisse et remette à cause que elle a esté beaucop ruynée pour avoir longtemps séjourné au camp, et que nous par commission du 7e d'aoust eussions ordonné qu'elle demeureroit et séjourneroit en la ville de Samathan jusques à ce qu'elle auroict esté ung peu refaicte et remise, où elle auroit demeuré quelque temps et y est encores : mais à cause de la pouvreté de lad. ville de Samathan au moyen des autres compagnies que y ont demeuré en garnison, et les folles et despences soufferles durant ces troubles, et la conduicte des vivres que leur a convenu faire au camp de monsr le mareschal Dampville, led. capitaine Bellegarde ou son lieutenant nous a faict entendre que aud. Samathan ne y a assés de vivres pour entretenir lad. compagnie, pour ce que la tempeste ou gresle a grandement gasté les fruictz des vignes et autres d'icelle ville, ensemble les foins au moyen des inondations d'eaulx laquelle a gardé de profiter les avoynes, nous requérant au lieu de lad. ville de Samathan luy bailler autre lieu commode.

A ceste cause avons ordonné et ordonnons que lad. compagnie, au lieu dud. Samathan, demeurera et séjournera en vosd. autres villes et lieux de Comenge où la commodité et fertilité de vivres pour les hommes et chevaulx de lad. compagnie se trouvera meilleure, suyvant l'advis et au chois dud. capitaine Bellegarde, jusques à ce que elle aura esté ung peu refaicte et remise, afin qu'elle soit en meilleur équipaige et plus forte pour faire service au roy.

Par quoy nous vous mandons et commandons recevoir en vosd. villes et lieux tous les membres et soldatz de lad. compagnie, et leur administrer vivres, lougis et autres choses nécessaires, sur peine de désobéissance, toutesfoys afin que toute lad. comté de Comenge et leurs aydes se ressentent de lad. despence qu'il con-

les compagnies des capitaines Arné et Sarlabous, menant quatre-vingts chevaux, séjournèrent audit lieu du 8 au 15 septembre suivant. (États de Muret, mai 1570.)

viendra faire à lad. compagnie, voulons et ordonnons, etc... — Suit une ordonnance d'imposition.

Donné à Cassaigne le dernier jour d'aoust 1569.

B. DE MONLUC, *ainsin signé.*

Et plus bas : *Par mond. seigneur*, DE CAZANEUVE.

Scellés du seel et armes dud. seigneur

(Arch. de Muret. — États de Saint-Julien, oct. 1569.)

LX.

1569. — AOUT-NOVEMBRE.

GARDE DE LA VILLE DE MURET.

Les pièces qui suivent se rapportent aux précautions prises pour empêcher la ville de Muret d'être saisie par les huguenots en ces derniers mois de 1569, marqués par les mouvements des troupes de Mongommery. Comme on le sait de par ailleurs[1], les mesures défensives ne comprirent pas uniquement l'augmentation des soldats en garnison dans le Comminges et la réparation des fortifications des places, mais aussi la destruction des ponts sur la Garonne. La commission de Monluc à M. de La Ylhère exprime la crainte que les ennemis ne franchissent ce fleuve et entrent en Quercy. A redouter la réalisation de ce plan, il importait de sauvegarder Muret qui commandait la Garonne en amont de Toulouse et d'où dépendait en partie la sécurité des Toulousains.

1. — COMMISSION DE B. DE MONLUC A M. DE LA YLHÈRE.

Blaise de Monluc, etc..., au sieur de La Ylhère, gouverneur par nous ordonné en la ville et chastellenie de Muret, salut.

Nous vous avons par cy-devant ordonné pour la garde tant de lad. ville que chestellenie trente cinq souldatz, lesquelz seront païés par le païs et habitantz du comté de Comenge, et de tant que pour le jour d'huy les ennemis du roy pourroint passer la rivière de Garonne et se sont estandeus jusques au païs de Béarn avec délibération, comme nous sommes advertis, repasser par le païs de Comenge pour fère leur retraicte vers le païs de Quercy

[1] Cf. *Hug. en Comminges*, pp. 57-61, etc. — Voy. aussi P. COURTEAULT, *Monluc historien*, pp. 534 et suiv.

et qu'il est à craindre que en faysant lad. retraicte ilz veulent entreprendre quelque chose sur les villes qui sont à la subjection du roy, forcer et prendre icelles, mesmes lad. ville de Muret, à occasion du passage et aultres commodités que lesd. ennemis pourroint percevoir.

A ceste cause, et autre considération à ce nous mouvans, aurions ordonné que pour le présent, dans lad. ville de Muret y aura cent soldatz païés et entretenus par led. païs de Comenge jusques autrement par nous soit ordonné, avec un lieutenant que vous y pourrés commettre tel que vous semblera, auquel sera donné cinquante livres par moys, et ausd. souldatz six livres, et les sergens et les corporalz à la coustume, laquelle crue des souldatz vous ferés et lèverés incontinent en toute diligence, enjoignant au juge de Comenge, son lieutenant et consulz dud. Muret que de toute la comté, scindic et trésorier dud. païs, païer et soldoyer lesd. souldatz et lieutenant en la forme que dessus tout ainsi que les aultres souldatz que avés dans lad. ville de Muret ont acoustumé estre païés et souldoyés sans y estre faict aucung reffus, ny user de délay, affin que le service du roy ne demeure retardé et à peyne de respondre du dommaige qu'en pourroit advenir tant de lad. ville que païs, et pour aultant que nous vous avons commis et ordonné capitaine du chasteau de lad. ville de Muret par manière de provision, par nos lettres sur ce à vous octroïées, est commis au juge de Comenge ou son lieutenant vous mettre en possession dud. chasteau en vertu de nosdictes lettres à vous baillées et octroïées à ces fins, tout ainsi que si expressément lesd. lettres luy avoient esté dressées, sans y faire difficulté, car de ce faire luy avons donné commission par vertu de la présente et mandement spécial.

Donné à Agen, le XVIIe aoust 1569.

B. DE MONLUC.

Par mond. s[r] : DE CASANOVE, *signés.*

(Arch. de Muret. — Correspondance des consuls.)

2. — LETTRE DE G. GALABERT, AU TRÉSORIER DE COMMINGES POUR LE PAIEMENT DE LA GARNISON DE MURET.

Monsieur le trésorier,

Ce jourd'huy XXVIIIe de ce moys d'octobre 1569, monsieur de

Borderia, juge de ce pays et comté de Comenge, le s[r] de Lamezan, scindic de la noblesse, m[rs] Duputz, Reynès et Sancholle, consulz de ceste ville de Muret, Pontic, scindic du Tiers Estat, Cambornac son compaignon et coadjuteur, Maigne, scindic des villaiges dud. pays, ont résolu et délibéré que pour maintenir ceste ville de Muret soubz l'obéissance du Roy, comme elle a esté de temps immémorial, vous seriés prié au nom de tout le pays fornir et avancer jusques aux prochains Estatz la somme de 424 liv. 10 s. que sera la moytié de la paye d'ung moys, pour l'entretènement de sa compaignie des cent soldatz ordonnés par mons[r] de Dampville, mareschal de France, oultre part ce que luy est deu de ce moys pour les 25 soldatz, et ce faisant satisferés à l'offre que mons[r] de Malliac, s[r] de Lartigue, fist aux Estatz de ceste ville quant il présenta ses lettres sur la convention faicte avec le roy de la recepte, et en refuz de faire lad. advance, que ne sera sans gratification, ne prendrés en maulvaise part, si les deniers de vostre recepte en ceste chestellenie de Muret jusques à la concurrence de lad. paye sont à ce employés, attandu la nécessité que ce présente, les ennemys jà estans à Mauvezin et s'aprochent d'heure en heure.

Que sera l'endroict, monsieur le trésorier, où je me recommande de bien bon cueur à voz bonnes grâces, après avoir prié le Créateur vous donner l'acomplissement de voz désirs.

De vostre maison, aud. Muret, led. jour XXVIIIe, de nuict.

Vostre [G. GALABERT.]

[Cote, de l'écriture de Galabert :] « Ceste minute a esté mise au net et envoyée à M. Pouget qui y a satisfaict le tiers de novembre 1569 ».

(Arch. de Muret. — Correspondance des États.)

3. — COMMISSION DU SÉNÉCHAL DE TOULOUSE AU JUGE DE COMMINGES TOUCHANT LA GARNISON ET LES FORTIFICATIONS DE MURET.

Guy de Castelnau et Clermont... sénéchal de Tholose et Albigeois, au juge de Comenge ou son lieutenant, salut.

Comme pour résister aux invasions, oppressions et forces faictes par les ennemys de Dieu et du roy et de l'Estat public, héréticques et rebelles, soit nécessaire mettre bonnes et suffizantes forces dedans la ville de Muret, et que desja par m[gr] de Dampville...

ayt esté ordonné au cappitaine Larouge et sa compaignie se rendre dans lad. ville pour cependant soubz la conduicte du s^gr^ de La Hillère, gouverneur d'icelle, faire toutz préparatifz de défense, et afin qu'advenant plus grand besoing lad. ville soict plus fournie de forces, vous mandons... que incontinant, tous affaires postposés, que vous ayés à faire mectre sus et lever deux cens hommes de guerre, harquebeziers à pied, sur les chastellenies de Samathan, Aurignac et l'Isle-en-Dodon, deppendantes de vostre judicature, départant icelle compaignie de deux cens hommes esgallement et selon les deppartemens accoustumés, pour soy trouver prestz à ce mectre dans lad. ville de Muret lorsqu'il adviendra nécessité et ainsi qu'il sera ordonné par led. s^r^ La Hillère, gouverneur de lad. ville de Muret, vous mandons en oultre à toute dilligence d'appeler par tour toutz les villaiges de lad. chastellenie de Muret pour travailher aux réparations nécessaires pour la fortification d'icelle [1] et tout ainsi que par vous sera advisé avec led. s^r^ de La Hillière, procureur du roy et consulz de lad. ville ausquelz semblablement ferez apporter vivres et munitions nécessaires pour l'entretènement des gens de guerre...

Donné à Tholose, le 5e jour du moys de novembre l'an 1569.

DE ROCHON, *juge mage.*

† *Sceau.* BOSQUET, *sec.*

(États de Muret, décembre 1569.)

4. — COMMISSION DU SÉNÉCHAL DE TOULOUSE A M. DE LA HILLÈRE TOUCHANT LA GARNISON DE MURET.

Guy de Castelnau et Clermont,... seneschal de Tholose et Albigeois, au seigneur de La Hylière, gouverneur en la ville de Muret.

Comme pour empescher les desseings malins et entreprinses

[1] Il est de nouveau question de réparer les fortifications de Muret dans un arrêt du parlement de Toulouse, du 21 mars 1576, visant un précédent arrêt du 8 octobre 1568 : « La cour... attendu l'estat présent des envyrons de la ville de Muret et dangiers emynens, importance et conséquence de lad. ville... ordonne que sur les fruictz de l'abbaïe d'Eaunes sera prinse la somme de 300 liv. tourn., et sur les fruictz des prieurés Sainct-Germyer et Sainct-Jacques dud. Muret pareille somme de 300 liv. t., c'est 150 liv. tourn. pour chascun desd. prieurés, pour estre lesd. sommes emploïées aux réparations et fortifications de lad. ville et frays nécessaires pour la défense d'icelle, et la maintenir et conserver en l'obéissance du roy. DE TORNOER ». — (Arch. de la Haute-Garonne, série G. Parchemins roules du Chapitre de Saint-Étienne.)

des rebelles ennemis de Dieu et du roy soit nécessaire pourvoir en lad. ville de Muret de bonnes et suffisantes forces pour leur résister, à ceste cause, de l'ordonnance de m^gr^ le mareschal de Dampville, gouverneur et lieutenant général pour le roy au présent pays de Languedoc et provinces de Guyenne, Provence et Daulphiné, par commandement faict à m^r^ Jehan de Rochon, nostre juge-mage et lieutenant, vous est mandé et enjoinct appeler avec vous, pour la garde et force de lad. ville, la compaignie du capitaine Larouge, laquelle compaignie y ferés louger et demeurer, luy faisant fournir par les consulz de vivres nécessaires, à la charge de remboursement, enjoinct aussi de commander et ordonner aux villages deppendant de lad. chastèlenye de Muret d'apporter dedans icelle ville de Muret munition telle que vous adviserés estre nécessaire avec l'advis du juge de Comenge, ou son lieutenant, procureur du roy et consulz de lad. ville, de bledz, vins, foins, pailles, avoynes et aultres vivres et munitions nécessaires, et de ce faire vous avons donné plain pouvoir, auctorité, commission et mandement, et pouvoir de constraindre tous ceulx qui pour à cest effect seront à constraindre par toutes voyes deues et raisonnables, mesmes par emprisonnement de personnes, etc.

Donné à Tholose le 5e jour du mois de novembre 1569.

De Rochon, *juge mage.*

✝ *Place du sceau.* Bosquet, *sec.*

(Arch. de Muret. — Correspondance des consuls.)

LXI.

1569. — Novembre.

Contribution du Comminges a l'entretien de l'armée de Damville.

François de Garaud, trésorier de France, commissaire général des vivres, étant à Grenade-sur-Garonne, écrit aux sindics du Comminges. Il leur fait connaître la contribution que leur pays doit fournir à l'armée de Damville en pain, vin et beufs.

Messieurs les sindicz du pays et comté de Commenge.

Monseigneur le mareschal de Dampville m'a tout présentement commandé fère venir vivres tant de Languedoc, Guyenne que autres pars pour la norriture de son armée, et de tenir la main à ce que icelle ne demeure altérée, ny déproveue de vivres. Tout aussi tost obéyssant à son commandement ay procédé au département général, et vous est advenu pour vostre part et portion cinquante mil pains, seut pipes vin, quatre cens mothons et soixante veufs (*sic*), ce que vous cottizerés et départirés sur led. pays et recepte d'icelluy plus prochaine, ayant esgard à la commodité et fertelité dud. pays et recepte, et pour l'accellération prompte desd. vivres, sausant [sachant] la dissète d'iceulx qu'est [en] ce camp, pendrés lesd. vivres la part où en trouberés plus commodes, contraignant les détenteurs à les vous délivrer par toutes voyes rigoreuses, à la charge de les payer la légitime valeur des deniers à la cottization générale qu'en sera faicte sur led. pays, à raison et au fur de la taille sur les contribuables à icelle, et tout incontinent faictes acheminer et conduire lesd. vivres la part où led. camp et armée sera à toute diligence, tous aultres affaires cessans, sur peyne d'en respondre de vous biens et vyes, comme verrés par la coppie de la commission, que mond. s^r^ le mareschal m'a ce jourd'hui baillée en main, pour avoir obéyssance et faire punir les rebelles, que sera fin, priant Dieu vous donner en bonne santé, longue et heureuse vye.

De Granade, ce premier novembre 1569.

Vostre bon amy : De Garaud, *ainsin signé*.

(États de Muret, 1570.)

LXII.

1569. — 1570.

Passage de troupes a Montbernard, dans la seigneurie de Montespan, a l'Isle-en-Dodon, etc.

Le présent *Mémoire* des consuls de Montbernard et les pièces qui le suivent, révèlent le va-et-vient des troupes en Comminges durant les mois qui précédèrent l'expédition de Mongommery en Béarn[1]. On y remarque une allusion à la défaite du valeureux d'Arné surpris en octobre 1569, à Estampures-en-Pardiac, par Mongommery. Les débris de la troupe de ce malheureux capitaine se réfugièrent à Montbernard

[1] Cf. *Hug. en Comminges*, pp. 65 et suiv.

où les habitants les hébergèrent. — A noter aussi un nouvel exemple de la cruauté avec laquelle les hordes traitaient les communautés contraintes de les approvisionner. On jouait de la dague à la moindre velléité de résistance. En 1570, la compagnie du capitaine Fontenilhes *tua et meurtrit* un habitant de Cuguron, qui faisait difficulté de lui livrer son bétail !

« Remonstrance des folles fornies, et frayées, et souffertes, par les consulz, manans et habitans du lieu de Monbernard, au comté de Comenge, aux fins soyent esgalizées par vous messieurs des Troys Estatz dudict comté, des gendarmeryes tant d'à cheval que à pied, despuys la Sainct-Michel que les ennemys de Dieu et du roy reprindrent les armes, jusques à ce jour vingt-uniesme may [mil]-cinq-cens-soixante-dix, ayant esté lesd. Estatz mandés et assignés en la ville de Muret aud. jour, de quoy en a esté faicte la présente déclaration le plus équitablement qu'avons peu, comme s'ensuict :

Premièrement en l'an [mil] cinq cens soixante-neuf, soubz le consulat de Gaillard Cogut, Bernard Lucante, Jeanot Fontan et Bertrand Despax, arriva aud. lieu de Monbernard une compaignie de troys cens hommes d'à pied soubz la conduicte du cappitaine Villepinte [1], laquelle compaignie print un disner aud. lieu où feust despendu quarante quatre livres dix sept sols deux deniers, compté par le menu, de tant que lesd. consulz en firent toute la fourniture, la coppie de la commission duquel cappitaine Villepinte y est cottée : A.

Comme led. cappitaine feust party, y arriva le capitaine Sainct-Michel Roquemaurel [2] avec cinquante harquebouziers tant d'à pied que à cheval, où souppèrent une nuict, et lendemain disner, que despendirent quatre vingtz livres et plus, comme appert par la descharge qu'il en a faicte, cottée : B.

Le second jour du moys de décembre, aud. an [mil]-cinq-cens-soixante-neuf, le capitaine Coutant avec deux centz harquebouziers allant au pays de Béarn, lequel y demeura en séjour deux jours, et lendemain à disner, où despendirent pour led. temps troys cens vingt livres et plus, et non contens de ce coust, un million de pilleryes, emportant linceulx, chemises, filles, veysselles, brief qu'il prenoyt sy peu, qu'il ne layssoyent rien que leur feust duysable, en quoy lesdictz habitans ont soufflert une grand folle et perte qu'ilz ne pourroyent bonnement exprimer, le remectant touteffoys à la discrétion de vous, Messieurs [3].

Et de tant que lesd. consulz, pour leur descharge, requeroient aud.

---

[1] Jean Villepinte, lieutenant du capitaine Motis.

[2] Ce personnage et le capitaine Coutant, dont il est question plus loin, doivent-ils être identifiés avec les capitaines Saint-Michel et Constans mentionnés par M. P. Courteault dans *Montluc historien*, p. 433 ?

[3] L'évaluation est à la marge : *320 livres*.

Coutant une coppie de sa commission et acquit du bon traictement qu'ilz luy avoyent faict, ce qu'il refusa, craignant qu'il vint en évidence ou aultrement, et comme lesd. consuls luy remonstrarent qu'ilz en feroyent plaincte où il apertiendroyt, iceluy Coutant fist meetre sa dicte compaignie en armes, néantmoings batist, frappa à coupz de baston et de poing, et mal traicta plusieurs des habitans dud. lieu, et s'en alla sans leur laysser descharge.

Disent les pouvres habitans que à cause les ennemys et séditieulx contre le roy qu'en l'unziesme de septembre, ou ez environs [1], deffirent la compaignie du cappitaine Arné, en Pardiac, partye de ceulx qui eschaparent se vindrent rafucher au présent lieu, et avec quelques aultres de la compaignie du seigneur de Sarlabous, estans en nombre de quatre vingtz chevaulx, et y séjournarent jusques au quinziesme dudict moys, comptant foyn, avoyne et aultres vivres de bouche, où despendirent la somme de cinq cens quatre vingtz dix livres unze solz, et occasion qu'ilz n'avoyent chef, ne feust esté baillé descharge de la despence faicte aud. lieu, sinon tant seullement descharge de la demeure, signée par un squerre, cottée lettre C.

Et attestation faicte en présence de notaire royal, cottée lettre D.

Le vingt sixiesme du moys de décembre encores cinq cens soixante neuf, estans consulz Domenc Salas, Jean Bernès, Bertrand Saliès et Arnauld Catalan, arriva aud. lieu le capitaine Motis, dict Villemur, avec sa compaignie de troys cens hommes, où séjournarent quatre jours entiers, et despendirent troys cens cinquante livres et plus, lequel capitaine pour vérification de ce, layssa une coppie de sa commission avec l'acquit de descharge escript au doz de lad. commission, cotté : E.

Et de tant qu'il est par trop notoyre et à un chascun divulgné que lad. compaignie commettoyt plusieurs extortions, violemens et pilleries, non obstant qu'il eust faict ledit séjour desd. quatre jours, n'en vouloyt-il encores partir que lesd. consulz ne luy donassent une grand somme de deniers qu'il demandoyt, lesquelz consulz pour obvier à plus grandz fraiz et solaiger les pouvres habitans dud. lieu, feurent constrainctz luy bailler et payer argent contant la somme de vingt cinq livres t. Toutesffoys afin que lesd. consulz n'eussent moyen faire apparoyr de tel extortionnement ne leur en volsist poinct fère acquit, attestant néantmoingz lesd. consulz, en Dieu et sur leurs consciences, led. paiement avoyr esté par eulx faict.

Et le premier jour de l'an mil cinq cens septante, est arrivé le seigneur viconte de Larboust, avec le nombre de cent hommes à cheval harquebuziers et pistoliers, où séjourna dans ce dict lieu de Monbernard l'espace de neuf jours, contenus et expécifiés à la descharge faicte par led. seigneur viscomte au pied du double de la commission à luy expédiée par le seigneur mareschal de Dampville, où, pour lequel

[1] Lisez *octobre*. — Sur la défaite et la mort de François de Devèze, seigneur d'Arné, voy. *Les Huguenots en Bigorre*, p. 58, et *Monluc historien*, p. 560.

temps despendirent, y comprins chevaulx et serviteurs, comptant pour le menu avoyne, foyn et vivres de bouche, la somme de treize cens quatre vingtz cinq livres, douze sols, sept [deniers], de laquelle descharge et double de commission appert, cotté : F.

Advenant le doutziesme dud. moys de janvier, arriva aud. lieu de Monbernat le capitaine Paillhac, de la ville de Monréal-[de-Rivière] estans environ deux cens hommes harquebeziers avez luy, morrions et plusieurs aultres tant corseletz que à seulles espées, si séjournarent dans led. lieu de Monbernat par l'espace de deux jours entiers qui monte leur despence six vingtz quinze livres, si appert de la descharge, cottée lettre : G.

Despuys, et le septiesme febvrier audict an septante, arriva dans le lieu de Monbernat le capitaine Terrade, de la ville de Boloigne, avec vingt chevaulx et deux cens hommes à pied harquebeziers ou hallebardiers, auquel lieu ont séjourné pour l'espace de deux jours et deux nuicts completz, et après lendemain boyre de matin, montant leur despense deux cens dix neuf livres, qu'appert par le double de la commission et descharge par led. capitaine faicte au doz d'icelle, cottée lettre : H.

Encores le dix septiesme dud. moys est arrivé le capitaine Orbessan[1] dans led. lieu, avec sa compaignie de deux cens soldatz, presque la moytié à cheval, en séiour l'espace de dix jours, volant continuer jusques qu'il feust mandé par le s[r] de Larboust, son colonel, et par luy saichant que dans la closture d'une partye du villaige y avoyt cinq harquebouzes neufves, lequel ne voloist aulcunement partir qu'il n'eust en sa puyssance lesdictes harquebouzes pour armer quelques soldatz qu'il avoyt avec soy et de ses plus favorys, que lesd. consulz feurent constrainctz luy bailler, et pour icelles despuys en ont payé cinquante livres.

Quoy pour raison de sa despence pendant lesd. dix jours ont frayé fourny iceulx consulz et habitans, comptant le plus grossièrement qu'il leur a esté possible, la somme de unze cens septante livres que leur demeure à une pityeuse folle, et tant pour celle que aultres précédentes leur ruyne toutelle que n'osent bonnement déclarer, pour récompense de quoy led. Orbessan leur délaissa la coppie de sa commission cottée J, et aussi la décharge qu'il a faicte et signée, cottée : K.

Continuant encores le passage de gens de guerre, arriva aud. Monbernat le capitaine La Rivière avec deux cens soldars desquelz y en avoyt quarante et plus d'à cheval et demeurèrent aud. lieu deux jours

[1] Avant son départ de Montbernard, le 28 février 1570, Roger Orbessan s'adjugeait ce certificat de bonne conduite qu'il remettait aux mains des consuls : « ... Et par mesmes présentes les consulz dud. lieu ont dict et déclaré estre contans dud. Orbessan et de toute sa dicte compaignie, ayant vescu en gens de bien, sans faire tort à personne... » (États de Muret, 21 mai 1570.) Précédemment, Orbessan avait stationné deux jours à Lilhac. (*Ibid.*)

et par commission expresse pour y refaire sa compaignie, ou despendist peu plus, peu moings, cent trente deux livres, occasion ne se treuvoyt foyn, ny avoyne, pour le grand passaige et surcharge qu'ilz habitans ont souffert cy devant, si délayssa double de commission, ce que fist au moys d'apvril, cotté : L.

Et aud. moys d'apvril et vingt cinquiesme d'icelny, le capitaine Monpesat porta une commission qu'il avoyt obtenue du seigneur baron de Larboust, par laquelle luy permect faire une compaignie de deux cens hommes de pied, dans led. lieu de Monbernard, et la présenta ausd. consulz, lesquelz obéissans à la volunté du roy et du seigneur commetant, ne peuvent faire de moings que luy accorder la faction de lad. compaignie, et en quoy procédant y demeura l'espace de deux jours et avec cinquante soldars et plus, que despendirent cinquante une livres, et appert de la coppie de sa commission, cottée : M.

Occasion que led. capitaine ne pouvoyt faire grand amas de gens, menassoyt lesd. habitans d'y demeurer jusques qu'il l'eust complète, ce qu'eust eu un long traict; mais pour obvier à plus grandz fraiz que s'en feussent ensuyvis, iceulx consulz donarent aud. capitaine la somme de cinquante livres et qu'il s'en allast dud. lieu, moyennant laquelle somme s'en alla et emmena tous ses gens, et de ce en attesteront par tesmoingz dignes de foy, de tant qu'il ne leur fist cédulle.

En discourant les affaires évidens et oculaires du passaige des gens de guerre aux urgeans affaires courans, passa par led. lieu de Monbernard, environ la feste de Toussainctz dernier, le capitaine Chelan avec le nombre de cent huictante quatre soldars, sans la suyte des serviteurs regaix, y comprins treize chevaulx, allant au pays de Béarn, fist repoz deux jours avec sad. compaignie, et au département, le boyre du matin, peu moingz perconté leur despence revenant à la somme de cent cinquante livres, ne layssa poinct acquit, sinon double de la commission, cotté : N.

Et tant que le bruict commun estoyt que les ennemys voloyent passer la rivière de Garonne et aller au comté de Foix, y eust une commission dirigée au juge de Comenge, ou son lieutenant, que luy mandoyt faire lever et mettre en armes toutes les communaultés des villes, villages dud. comté, et les mettre ez passaiges expédients, néantmoingz d'apporter vivres et munitions, les consulz de l'Isle-en-Dodon mandarent par une missive aux habitans dud. Monbernard de faire mettre en armes et équipaige une partye desd. habitans, et ceulx quy seroient plus expédientz pour l'effect de la guerre, si leur fournissent de vivres et munitions, et après les fissent acheminer à lad. ville, de façon que iceulx consulz et habitans choisirent une douzaine de soldars harqueboziers, si leur baillarent pouldre, balle, cordes et argent pour vivre, et après les envoyarent à lad. ville, où demeurarent en plusieurs et diverses foys plus de troys jours, tant allans que venans, trente livres et plus, appert de lad. missive, cottée : O.

Et pour ce que led. lieu de Monbernard est en une telle scituation qu'il est en beau lieu où s'adressent les chemins et passaiges pour aller et revenir tant aud. pays de Béarn, Armaignac, Foix et aultres plusieurs, est cause qu'ilz ont encores souffert beaucoup d'aultres allées, veneuz, corvées, tant de gens d'à cheval qu'à pied, et desquelz ilz ne peuvent toutellement donner raison, attendu les suscriptes grandz charges et occupations à quoy journellement et par un ordinaire estoyent exposés, et y a esté despendu plusieurs aultres sommes qu'ilz ne mettent point en considération, s'en remectant touteffoys au jugement de vous, messieurs.

Et le XVIIIe d'aoust 1570 ce y auroit esté le seigneur de Mansieux, enseigne de la compaignie de monsieur de Gramont qui, avec commission, seroict venu lotger aud. Monbernard avec vingt-cinq hommes d'armes et vingt archiers de lad. compaignie où auroient demeuré deux jours avec leur suyte, les toutz à chaval, et au départemcnt le boyre du matin, peu moingz précompté leur despence revient à la somme de troys cens livres ou davantaige, et en départant dud. lieu laissa doble de sa commission, cottée : R.

Depuis seroict venue la compaignie de Mr de Fontanilhes, lieutenant de Mr de Monluc, par commission expresse demeurer en garnison en lad. ville de l'Isle-en-Dodon, qu'est chef de castellanie, et des deppendances de laquelle est led. lieu de Monbernard, pour entretenir laquelle compaignie toutz les villaiges essartissans à lad. castellanie auroient esté cottizés pour l'entretènement et noriture des gendarmes comme cy après sera remonstré, et pendant led. temps ce auroict esté le cappitaine Bossan, lequel le neufviesme jour du moys de juing dernier passé, seroict venu lotger aud. lieu de Montbernard avec sa compaignie de cinq à six cens hommes, en ayant troys cens ou environ à cheval, et le demeurant à pied, et sans en ce comprendre les regaiz, où auroict séjorné par deux jours, et luy ayant remonstré auparavant que y venir, bénignement, led. villaige avoir esté mis en bas par les compaignies qui y seroient passées, et mangés les pouvres habitans jusques aulx os, et que encores en ce temps la compaignie de Mr de Fontanilhes estoit en garnison en la ville de l'Isle-en-Dodon, chef de chastellenie, pour l'entretènement de laquelle led. Montbernard estoit contribuable, le priant vouloir passer ailheurs, à quoy n'auroict voleu entendre, ains seroict allé aud. lieu avec la susd. compaignie et y estant arrivé auroict usé comme est contenu en l'attestatoire, dont led. villaige auroit esté follé grandement, demandant cinq cens livres, cotté lettre : S.

Si auroict esté constrainct led. lieu de Montbernard fère ung pionier pour la conduicte de l'artillerie au pays de Béarn, de mandement de M. de Fontenilhes, auquel pionié fust donné par led. villaige, dix livres, en ce comprins les feremens à luy nécessaires, comme apert par la descharge de la réception du s[r] de Lamezan, commission en datte du XIe juillet, signée par led. s[r] de Lamezan, cottée lettre : T.

Et estant la compaignie du susd. seigneur de Fontanilhes en garnison aud. Lisle, led. lieu de Montbernard pour l'entretènement et noriture des gendarmes auroit payé jusques à la somme de cent dix livres, quatre souls, cinq deniers, comme de ce appert par quatre cédulles escriptes et signées par Savinhac et Dabbadie, consulz dud. Lisle, ensemblement attachés avec la coppie de la commission et mandement dud. seigneur de Fontanilhes envoyé aulx consulz dud. Lisle pour recepvoir la susd. garnison, cotté au dos lettre : T.

Pareilhement feurent constrainctz loger et norrir vingt cinq gendarmes et vingt archais de la compaignie du s^r de Gramond, par l'espace de deux jours, que despendirent plus de cent livres.

Par après le cappitaine Boussan, frère du s^r de Fontanilhes, avec sa compaignie de cinq à six cens hommes, tant à pied que à cheval, auroict séjourné et despendeu par deux jours et une nuict, aud. lieu, que monte lad. despence, oultre les frais, 200 liv.

Plus paièrent lesd. consulz pour ung pionier que envoyarent au camp de Béarn, suivant le mandement du roy ou de ses commissaires, en argent, sept livres : d'ung pèr de soliers, vingt souls ; et des ferremens, deux livres ; monte en bloc, 10 liv.

Oultre ont esté constrainctz payer en diverses foys, résultant les cédulles sur ce faictes pour leur quotte part de la contribution ordonnée par le s^r de Fontanilhes pour le refréchement et entretenance de sa compaignie, la somme de...

Semblablement ont frayé et despendeu lesd. consulz, en la cour de m^r le séneschal de Tholose, en porsuivant permission de cottiser lesd. sommes, en bloc, la somme de...

Domenc SALLES, *consul.* »

(États de Muret, 21 mai 1570.)

*
* *

D'autres passages de gens de guerre sont à signaler à la même époque et dans la même région : A Montespan la compagnie du capitaine Lafite séjourne le 14 septembre 1569 : là venait de passer le capitaine Vergés dont le titre curieux est à retenir, on l'appelait *cappitaine de la crosada*. Le 18 février 1570, la compagnie du capitaine Fontenilhes passe à Villeneuve-de-Rivière, comme l'atteste le chevalier de Montossin. Le 15 avril suivant arriva au même lieu le baron Jacques de Larboust avec trois cents hommes auxquels il fallut donner, outre le vivre, cent livres « pour les tirer hors dud. lieu ». Le jour de Pâques amena à Villeneuve les capitaines Caseneuve et Seriac « du régime du s^r de Monsérié[1] ». Successivement passèrent en cette juridiction trois cents hommes du capitaine Monpesat[2] (12 mai) et les hommes du

[1] Sur Gérard de Monsérié, voy. *Huguenots en Bigorre*, p. 12, et *Huguenots en Comminges*, p. 354.

[2] Étant à Villeneuve-de-Rivière le 12 mai 1570, Gaudens de Monpesat, capitaine de trois cents hommes d'armes à pied du régime du s^r de Monsérié, atteste que sa compagnie « a logé au lieu de Villeneuve-de-Rivière ou auryons faicte

vicomte de Larboust avec cent chevaux. A la mi-carême 1570 le capitaine Tilhouse « s'en allant en France », traversa Villeneuve-de-Rivière. Quant à Ausson, voisin de Montréal-de-Rivière où la compagnie de Fontenilhes est en garnison, il est visité tous les jours par ces hommes de guerre qui viennent y chercher « bled, avoyne, vin, foin, mothons, pouraille et autres vivres », car à Montréal ils « n'avoient de quoy vivre eulx et leurs chevaulx ». Jacques de Larboust passe à Masères « envyron la demy caresme »: au même temps on y hébergea les trois cents hommes du capitaine Bugard. « Et aud. an, après Pasques, y arriva mr le Prothanotère de Montespan, avec sa compagnie, s'en allant en Béarn ». La compagnie de Jacques de Larboust arrive à Saint-Laurent fin février 1570, puis celle de Bugard. Le capitaine Saint-Paul y était déjà venu le 12 mai 1569. Au mois de mai 1570, passage du capitaine Paillac et de ses trois cents hommes d'armes à Cuguron, « et au mesme an que dessus, et en la caresme, estans eulx de la compagnie du cappitaine Fontanilhes en garnison en la ville de Montréal, auprès dud. lieu de Cuguron, alloyent chacun jour chercher vivres aud. lieu..., les prenant par force..., et que pis est y tuarent et admeurtrirent ung desd. habitans pour ce que leur faisoyt difficulté de leur bailher de son bestailh ». — Le 3 janvier 1570, Bugard arrive à Villeneuve-de-Léoussan, et, au mois d'avril, le capitaine Terrade, avec trois cents hommes. En plus des vivres on dut lui fournir 25 livres « pour achapter de poudre et le tirer hors dud. lieu ». Semblable exigence de Jacques de Larboust, en mai. Paillac est à Villeneuve-de-Léoussan le jour de Pâques 1570, et Bugard y revient le 31 décembre. Casaril reçut pareillement les compagnies de Bugard, de Larboust, Terrade, Mausan et Montpesat.

Aux États tenus à Muret le 13 mars 1570, les consuls de l'Isle-en-Dodon présentaient une requête ainsi analysée par le greffier de cette assemblée : « ... Tendant aux fins d'estre remhourcés de la despense par eulx fournie à la compagnie du cappitaine La Terrade, l'espace de six jours, estant lad. compaignie de 200 h., tant de cheval que de pied, comme aussi auroient faict apparoir par l'attestatoire signée par led. cappitaine; auroient aussi souffert la despense du régiment du cappitaine Bassous et la compagnie du cappitaine Orbessan, estant de 300 h., laquelle compaignie auroit séjourné en lad. ville l'espace de sept jours, à l'occasion desquelles compagnies affirmoient avoir despendu plus de 3.000 liv. »

Il était impossible aux États d'indemniser les communautés. Toutes celles que nous avons mentionnées ci-dessus, comprises dans la seigneurie de Montespan[1], reçurent en bloc 40 livres, et l'Isle-en-Dodon

une disgnée [dîner], nous en allant en Béarn, et les habitans dudit lieu nous ont administrés vivres et aultres choses nécessaires, se monstrans obéyssans au roy... — G. MONPESAT ». — (États de Muret, décembre 1573.)

[1] Voy. États de Muret, décembre 1573 : *Rolle de la despence et fournitures faictes par les consulz, manans et habitantz de la terre et seigneurie de Montespan,*

s'en vit attribuer 150[1]. Ce qui expliquait la parcimonie des États, c'était « l'infinité des aultres charges que pour pareil faict les habitans du reste des villes et villaiges dud. pays ont eu sur leurs bras, qui sont insupportables, et quand [les sommes demandées] seroient justement cottizées, seroit impossible les faire lever. »

estans des Aydes de Comenge, aux gens de guerre passans, revenans et séjournans ez lieux de lad. seigneurie. — La terre et seigneurie de Montespan comprenait six paroisses : Montespan, Villeneuve-de-Rivière, Ausson, Mazères, Saint-Laurens, ayant Cuguron pour annexe, et Villeneuve-de-Lécussan, ayant Lécussan pour annexe. Cependant, les anciens dénombrements des paroisses fournis par les Aides ont parfois compté pour Montespan « VII paroisses pauvres et petites ». L'*Inventaire* des papiers de Muret, dressé par le féodiste Guillaume Martin, en 1741, attribue « dix juridictions » à la seigneurie de Montespan. Il est à peine utile d'observer que *juridiction* n'est pas synonyme de *paroisse*.

[1] États de Muret, 13 mars 1570.

www.ingramcontent.com/pod-product-compliance
Ingram Content Group UK Ltd.
Pitfield, Milton Keynes, MK11 3LW, UK
UKHW020559180726
13838UKWH00001B/342